Andrzej M

Nazywam się Wacław Dec

Ambasador wszystkich kobiet

WYDAWNICTWO POLIGRAF

Projekt okładki: Izabela Surdykowska-Jurek

Na okładce: Prof. Wacław Dec, zdjęcie z archiwum rodzinnego

Korekta: Klaudia Dróżdż, Irena Zaucha-Nowotarska

Skład: Andrzej Sokulski, Wojciech Ławski

Książka wydana
w Systemie Wydawniczym Fortunet™
www.fortunet.eu

ISBN: 978-83-7856-398-3

Wydawnictwo Poligraf
ul. Młyńska 38
55-093 Brzezia Łąka
tel./fax (71) 344-56-35
www.WydawnictwoPoligraf.pl

NAZYWAM SIĘ
WACŁAW DEC

Te wszystkie kolory we mnie są prawdziwe,
To nie barwy wojenne malowane przeciw Tobie,
To nie makijaż dla zwrócenia Twojej uwagi…

Dorota Koman, *Maszyna do czytania*

Profesor Wacław Dec w karykaturze prof. Leszka Woźniaka.

Spis treści

Do Czytelnika!

Masz w rękach, Drogi Czytelniku, opowieść o życiu Profesora Wacława Deca, ambasadora wszystkich kobiet, niestrudzonego propagatora świadomego macierzyństwa i szacunku dla kobiet.

Opowieść o człowieku, który z równą pasją poświęcał się leczeniu, jak nauczaniu czy działalności społecznej promującej zdrowie.

Dobrze mieć takiego lekarza – diagnostę z niezwykłą intuicją, perfekcyjnego operatora, szanującego pacjentki, dającego im poczucie bezpieczeństwa i psychicznego komfortu.

Dobrze, że są tacy lekarze, którzy przywracają wiarę w medycynę i w człowieka.

Los spotkał nas ze sobą, kiedy byłem jeszcze początkującym lekarzem w Szpitalu im. Marii Skłodowskiej-Curie, w którym mieścił się wówczas Instytut Ginekologii i Położnictwa Akademii Medycznej, a Profesor był w tym czasie szefem dyżurów. Po wielu latach został dyrektorem Instytutu w Szpitalu im. Madurowicza. Od tej pory współpracowaliśmy zawsze zarówno na niwie zawodowej, jak i naukowej.

Dobrze mieć takiego przełożonego – z niekwestionowanym autorytetem, dużą klasą, kompetentnego erudytę, zachłannego na wiedzę, ale też oczekującego tej wiedzy od współpracowników, dbającego o swój zespół jak o rodzinę, pryncypała wymagającego, ale też życzliwego.

Tak bowiem zawsze myślę o Profesorze, który był moim zwierzchnikiem i kolegą z pracy, mogę nawet powiedzieć przyjacielem. Wiele nas łączyło, również prywatnie.

Wacek miał ułańską fantazję i nie było w tym nic dziwnego, gdyż ukończył uczelnię wojskową – WAM. Pamiętam, kiedy po jakimś sympozjum PTG odbywającym się w sławetnym Arłamowie podano poczęstunek, a do picia kompot, popatrzył na mnie osłupiały i zapytał z niedowierzaniem „kompot??!!". Dzięki Jego przedsiębiorczości wieczór nie skończył się na kompocie. Innym znowu razem, w stanie wojennym, namówił mnie na wspólną wyprawę w Zielonogórskie, po kontrabandę – pół świni. Wykorzystał do tego fragmenty swojego starego munduru łącznie z czapką pułkownika, która niewinnie leżała na tylnej półce. Udało się, ale tak naprawdę żaden z nas tego mięsa tak bardzo nie potrzebował, a strachu najedliśmy się mnóstwo.

Wacek był bardzo odważny jako człowiek i jako żołnierz, ale najbardziej imponował mi swoją odwagą chirurga i lekarza. Nie bał się wprowadzać do polskich, bardzo ubogich wówczas, szpitali nowatorskich rozwiązań.

Jego bezkompromisowość w walce o godność kobiety wzbudzała różne emocje, od podziwu po wstrętne donosy i podstępne manipulowanie wypowiedziami Profesora. Ale ta książka nie jest o ludzkiej podłości i zawiści, tylko o skromnym, wielkim lekarzu.

Gratulacje dla autora, profesora Andrzeja Malarewicza, za ogrom pracy przy gromadzeniu materiałów o życiu i pracy Profesora, za przybliżenie nam nietuzinkowej postaci, która wywarła wpływ na rozwój ginekologii w Polsce.

Prof. dr hab. Jacek Suzin
Kierownik Katedry Ginekologii i Położnictwa
Uniwersytetu Medycznego w Łodzi

Od Autora

Od dawna nosiłem się z zamiarem napisania wspomnień o moim Przyjacielu Profesorze Wacławie Decu. Zawsze jednak gdy próbowałem zabrać się do pracy, wydawało mi się, że nie nadszedł jeszcze odpowiedni ku temu moment. Ciągle tkwiło we mnie przekonanie, że powinno minąć więcej czasu, aby z większego dystansu spojrzeć na sylwetkę Profesora.

Wielokrotnie, stając w każdą rocznicę śmierci nad grobem Wacława, podejmowałem silne postanowienie napisania o Nim, lecz stale czułem, że jeszcze nie jestem do tego wystarczająco przygotowany.

Wreszcie zdecydowałem się spróbować. Zbliża się właśnie dwudziesta rocznica śmierci. Chyba jest to dostatecznie długi okres, aby można było już bez emocji uwypuklić wartości charakteryzujące życie zawodowe i nierozerwalnie z nim związane życie prywatne Profesora Deca.

Nie ukrywam, że przy pisaniu wspomnień liczyłem m.in. na pomoc wielu Jego kolegów i współpracowników. I oni, moim zdaniem, musieli mieć czas, aby ochłonąć z emocji po nagłym odejściu Wacława i nabrać dystansu do wszystkiego, co wiązało się z Jego życiem i działalnością.

Niektórzy jednak odmówili mi współpracy i skreślenia kilku słów na temat ich relacji z Profesorem. Inni w ogóle nie zareagowali na moją prośbę. Szkoda. Prezentowana biografia Wacława będzie więc uboższa o ich wypowiedzi.

Przysłane mi wspomnienia, bez żadnych poprawek, w oryginalnym brzmieniu, wyróżniłem w tekście kursywą. Podobnie kursywą zaznaczyłem teksty uzyskane z różnych źródeł, najczęściej wyszperane w prasie i w dużej części udostępnione mi przez Panią dr Bożenę Dec, żonę Wacława. Dostarczone przez dr Bożenę liczne dokumenty i pamiątki rodzinne znacznie wzbogaciły prezentowaną ikonografię i pozwoliły na zamieszczenie informacji, których nie zdobyłbym w żaden inny sposób. W rozmowie z Panią dr Bożeną w Jej domu, w pokoju, którego wygląd nie zmienił się ani o jotę przez minione lata, przy zastawionym stole, smakując przygotowane przez gospodynię frykasy, w sentymentalnym nastroju, słuchałem wspomnień dotyczących niektórych scen z życia Profesora.

Był On postacią barwną, zarówno w życiu naukowym, zawodowym, jak i towarzyskim. Zdecydowany w swoich poglądach, jednoznaczny, nie konformista, ale nierzadko skłonny do kompromisu. Surowy dla podległych mu asystentów. Wymagał od nich dużo, ale starał się być sprawiedliwy i wyrozumiały. Dla przyjaciół mógł zrobić wszystko. Dla wrogów był pobłażliwy. Antagonistów traktował poważnie. Niechętnych, jeśli nie emanowali głupotą, starał się zrozumieć.

Wacław Dec, absolwent i długoletni pracownik Akademii Medycznej w Łodzi, będąc postacią nietuzinkową, odcisnął głębokie piętno zawodowe nie tylko na łódzkiej służbie zdrowia. Jako wybitny lekarz ginekolog położnik, uznany praktyk, naukowiec i dydaktyk skupiał wokół siebie studentów oraz wielu lekarzy z całej Polski, których uczył podstaw zawodu, specjalizował, doktoryzował i inspirował do robienia habilitacji oraz zdobywania tytułów naukowych. Dzięki temu łódzka szkoła ginekologiczna, którą reprezentował, znajdowała wielu naśladowców w całej Polsce.

Swoim przykładem wpływał również na życie społeczne, propagował nowoczesne idee macierzyństwa i szeroko rozumianą oświatę zdrowotną. Został wybrany Łodzianinem Roku 1995. Zdobył trzecie zaszczytne miejsce w rankingu na „Łodzianina Stulecia". Jego imieniem nazwano jedną z ulic w Łodzi.

Uderzająca jest mała liczba istniejących oficjalnych materiałów dokumentujących działalność Prof. Wacława Deca. Potwierdza to moje wcześniejsze spostrzeżenia z okresu, gdy przygotowywałem biografię prof. Stefana Soszki, że nasi mistrzowie w zawodzie byli tak oddani bez reszty wykonywanej pracy, iż nie zadbali o jej dokumentowanie i nie przywiązywali do tego żadnej wagi.

Czas szybko mija. Zacierają się wspomnienia o wielkich postaciach w medycynie, które odeszły. Stopniowo odchodzą też ich współpracownicy i starzeją się uczniowie. Wraz z nimi giną i odchodzą w niepamięć ważne wydarzenia w dziejach Polskiego Towarzystwa Ginekologicznego. Istnieje więc potrzeba uchronienia od zapomnienia dokonań naszych nauczycieli, dokonań, które są ważną historią reprezentowanej przez nas dziedziny medycyny – położnictwa i ginekologii.

Miałem dylemat dotyczący decyzji co do formy i kształtu moich wspomnień. Nie chciałem pisać życiorysu takiego, jak to świetnie ujął jeden z moich kolegów, pisząc artykuł o swoim ojcu profesorze akademickim, że: *Życiorys można przedstawić w formie epitafium. Rok urodzenia, śmierci, studia, kolejne miejsca pracy... W przypadku profesora akademickiego podaje się liczbę publikacji, członkostwa towarzystw naukowych, dorobek dydaktyczny... Człowiek jest ubrązowiony, bez wad, dla osób spoza uczelni, rodziny i przyjaciół – bezosobowy. Dopiero jednak wypełnienie dat wydarzeniami, spojrzenie szeregu osób, opis charakteru z uwzględnieniem zalet i wad nadaje cechy człowieka z krwi i kości, umożliwia wyróżnienie jednostki wybitnej* [1]. Zdecydowałem się więc na napisanie wspomnień o Wacławie takim, jakim ja Go widziałem, jakiego spotykałem na co dzień, z jakim współpracowałem naukowo i zawodowo, z jakim bawiłem się, prowadziłem dysputy, spierałem się, wymieniałem różnice zdań i jakim widzieli Go Jego koledzy, którzy odpowiedzieli na moją prośbę i skreślili kilka słów wspomnień, nie zawsze dla Wacława życzliwych i może bolesnych dla najbliższych. To dobrze. Wacław był przecież tylko człowiekiem a nie postacią ustawioną na cokole.

Mam nadzieję, że przedstawiana przeze mnie barwna biografia Profesora Wacława Deca stanie się dla współczesnego pokolenia ginekologów przyczynkiem do poznania bogatej historii polskiego położnictwa i ginekologii.

Kielce, wiosna 2015 roku
Autor

Prolog

Ciepłe majowe przedpołudnie. Rześki wiatr rozwiewa włosy. Jak co roku z żoną Jagodą stajemy w bramie cmentarza w Łodzi, na Zarzewiu. Niesiemy przed sobą jodłowy, wysadzany kwiatami wieniec. Pod pachą torby ze zniczami.

Wolnym krokiem zagłębiamy się w główną aleję cmentarza. Mijamy kaplicę. Dochodzimy do stojącego na skrzyżowaniu alei wysokiego cmentarnego krzyża. Od tego miejsca liczymy boczne alejki. Pierwsza, druga i jest trzecia. Skręcamy w lewo. Po kilkudziesięciu krokach docieramy do grobu Wacława. Obrósł już wysokimi krzewami i pochylonymi nad nim drzewami.

Przysiadam na płycie grobowca. Machinalnie usuwam zwiędłe kwiaty i porządkuję wypalone znicze. Zapalam nowe.

Wpatruję się w napis na płycie grobowca: „Prof. Wacław Dec. Żył lat 66". Napis zwolna mętnieje, zaciera się. Widzę go coraz gorzej poprzez napływające do oczu łzy wzruszenia. Łzy ciekną po policzkach i spadają kroplami na płytę grobowca. W ciągu kilkudziesięciu rocznic nazbierało się tych łez niemałe jezioro.

Zatapiam się w myślach. Wydaje mi się, że zaczynam słyszeć wibrującą w uszach, towarzyszącą uroczystościom pogrzebowym Wacława, *II Sonatę fortepianową Chopina*. Nie znoszę tej melodii. Zawsze kojarzy mi się ona z czymś najgorszym, ze śmiercią, z czasem przemijania.

Wracają wspomnienia. Przed oczami pojawia się wysoka sylwetka, zawsze życzliwie uśmiechniętego mego przyjaciela profesora Wacława Deca.

Wacława poznałem bliżej na jednym z sympozjów Polskiego Towarzystwa Ginekologicznego. Było to gdzieś w połowie lat sześćdziesiątych ubiegłego wieku. Zaczynałem wtedy swoją działalność naukową i w związku z nią uczestniczyłem w organizowanych często spotkaniach naukowych. Zwrócili wówczas moją uwagę trzej, biorący udział prawie w każdej konferencji, trzymający się zwykle razem, lekarze w mundurach. Najwyższy z nich, nie pamiętam, jaką miał rangę wojskową, od razu wzbudził moją sympatię i szybko nawiązaliśmy koleżeńską znajomość. Był nim dr Wacław Dec.

Ale moja przyjaźń z Wacławem rozpoczęła się znacznie później i to dość niezwykle.

Było to w Poznaniu. Wczesne lata osiemdziesiąte. Hotel „Poznań". Któreś z rzędu sympozjum naukowe. Obrady jak obrady. Z przerwą obiadową trwały aż do wieczora. Późnym wieczorem spotkanie przy uroczystej kolacji. Po kolacji dalszy ciąg spotkań przy barze, w nocnym klubie, w pokojach hotelowych. Noc była „ciężka". Grubo po północy przyłożyłem głowę do poduszki. Próbowałem zasnąć. Zdrzemnąłem się, ale nadmiar wrażeń i ból głowy nie pozwoliły mi zasnąć. Nad ranem, skoro tylko słońce zajrzało do okna, zwlokłem się z łóżka i wyszedłem przed hotel, aby w świetle rześkiego poranka odetchnąć świeżym powietrzem. Przespacerowałem się dookoła hotelu i już miałem wrócić do pokoju, gdy nagle tuż przy wejściu do budynku zobaczyłem opartą o drzwi „zmęczoną" znajomą postać – docenta Wacława Deca. Spostrzegł mnie, ożywił się i zbliżając się, wyciągnął błagalnym gestem rękę, grzecznie pytając: „Kolego, nie napiłbyś się ze mną śniadania?". Wybuchnąłem śmiechem. Jak mogłem odmówić takiej prośbie i tak zacnej osobie? Propozycja zresztą była na tyle oryginalna i pociągająca, że natychmiast wyraziłem zgodę. W taki oto sposób narodziła się, trwająca długie lata, nasza przyjaźń.

Z porozrzucanych na biurku papierów, dokumentów, fotografii i listów wyłania się nietuzinkowa postać przyjaciela, kolegi, lekarza, profesora, Człowieka.

Dzieciństwo i młodość

Suchowola, miasto leżące na trasie Białystok–Augustów, nad rzeką Olszanką, w województwie podlaskim, w powiecie sokólskim, znane jest z tego, że znajduje się w geometrycznym środku Europy wyznaczonym w 1775 roku przez królewskiego astronoma Szymona Antoniego Sobierajskiego. W parku miejskim stoi głaz, na którym umieszczono tablicę z napisem „Środek Europy".

Kilkanaście kilometrów na południe od Suchowoli, we wsi Mikicin, dnia 27 lutego 1931 roku urodził się Wacław Dec.

Mikicin jest małą wsią leżącą w gminie Jaświły, powiecie monieckim. Wikipedia poświęca osadzie niewiele miejsca. Z notatki internetowej możemy dowiedzieć się tylko, że we wsi, leżącej nad rzeką Biebłą, dopływem rzeki Brzozówki, znajduje się, dzisiaj żałośnie wyglądający klasycystyczny dawny dwór szlachecki zbudowany w 1847 roku. Poza tym kaplica pod wezwaniem Miłosierdzia Bożego i jednostka Ochotniczej Straży Pożarnej licząca obecnie 25 czynnych członków.

Matka Wacława, Władysława z domu Kolosa, pochodziła z bardzo bogatej rodziny chłopskiej. Mieszkała w Nałęczowie, gdzie ukończyła Szkołę Gospodarczą. Za niepodporządkowanie się rodzicom i wyjście za mąż wbrew ich woli została wydziedziczona z majątku.

Franciszek Dec, ojciec Wacława, pracował w majątku w Mikicinie jako kowal. W okresie międzywojennym dorobił się kuźni, mleczarni i sklepu, którymi administrował aż do wybuchu II wojny światowej. W 1939 roku, gdy okolice Suchowoli zajęli Rosjanie, majątek upaństwowiono. Franciszkowi, jako byłemu właścicielowi, pozwolono w nim jakiś czas pracować.

Tuż przed wojną Wacław ukończył pierwszą klasę szkoły podstawowej w Mikicinie, a po wybuchu działań wojennych uczęszczał do szkoły radzieckiej (innej w pobliżu nie było) i pomagał ojcu w pracy w kuźni. Po roku, gdy ojciec utracił pracę i jego miejsce zajęli „odpowiedni fachowcy", rozpoczęła się kilkuletnia rodzinna tułaczka za chlebem. W Suchowoli Decowie osiedli na stałe dopiero po wojnie. Był to ciężki okres dla Wacława. Tym bardziej, że w 1946 roku stracił ojca. Zamordował go działający w okolicy oddział Narodowych Sił Zbrojnych.

Córka Profesora Wacława Deca nie przypomina sobie, aby kiedykolwiek wspominał o tamtych trudnych czasach. Nie chciał o tym mówić. Brakuje również jakichkolwiek rodzinnych dokumentów czy papierów dotyczących tamtego okresu.

Wacław miał czworo młodszego rodzeństwa: Tadeusza, Aleksandra, Edmunda i Teresę.

Tadeusz ukończył wojskową szkołę lotniczą i aż do emerytury pracował jako pilot. Aleksander, po otrzymaniu matury, zaliczył odpowiednie kursy i pracował jako zawodowy kierowca. Edmund zdobył uprawnienia mistrzowskie w zakresie piekarnictwa i cukiernictwa. Otworzył w Suchowoli zakład piekarniczo-cukierniczy. Najmłodsza z rodzeństwa Teresa, dzięki materialnemu wsparciu przez Wacława, ukończyła liceum ogólnokształcące w Oleśnicy i studia polonistyczne w Białymstoku. Po studiach wróciła do Suchowoli i pracowała tam jako nauczycielka.

W 1945 roku Wacław wstąpił do nowo powstałego w Suchowoli, z inicjatywy księży i miejscowej inteligencji, prywatnego liceum ogólnokształcącego mieszczącego się przy ulicy Augustowskiej nr 2.

Wkrótce po śmierci ojca sytuacja materialna rodziny stała się tak trudna, że matka poszła do pracy, a obowiązki związane z opieką nad czworgiem młodszego rodzeństwa przejął Wacław. Nie radził sobie jednak z nauką i pracami domowymi. Po roku, mimo że uczył się dobrze, zdecydował się na porzucenie szkoły. Na krótko podjął pracę w pobliskim sklepie. Dzięki jednak natychmiastowej interwencji nauczyciela matematyki pana Kowalewskiego i miejscowego proboszcza K. Wilczewskiego – opiekuna szkolnego harcerstwa – Wacław wkrótce powrócił do szkoły.

Fot. 1. Druh Wacław Dec – 1946 r.

15 października 1945 roku wstąpił do Związku Harcerstwa Polskiego, a 6 lipca 1946 roku złożył przyrzeczenie harcerskie wypowiadając rotę przysięgi: ***Przysięgam uroczyście całym swym życiem dążyć do budowy Niepodległej, Demokratycznej Sprawiedliwej Polski, pracować dla dobra powszechnego, postępować zawsze szlachetnie i być posłusznym Prawu Harcerskiemu. Tak mi dopomóż Bóg!*** Po dwóch latach otrzymał stopień „Harcerza Orlego".

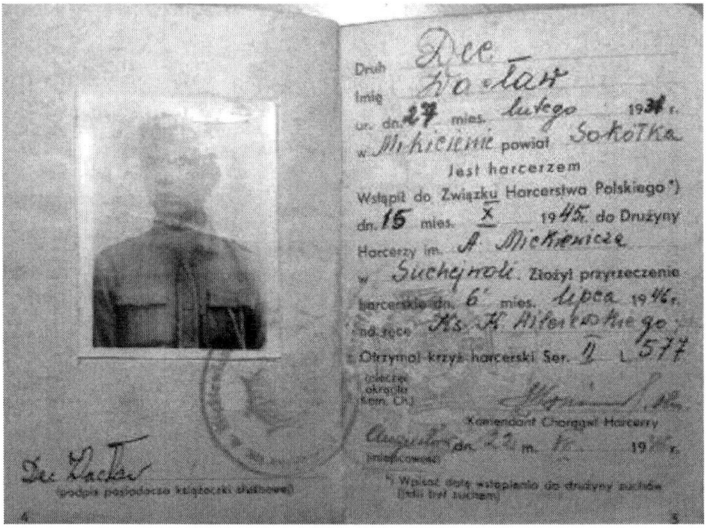

Druh Dec
Imię Wacław
ur. dn. 27 mies. lutego 19.. r.
w Mickiewiczach powiat Sokółka
Jest harcerzem
Wstąpił do Związku Harcerstwa Polskiego *)
dn. 15 mies. X 1945 r. do Drużyny
Harcerzy im. A. Mickiewicza
w Suchej Woli. Złożył przyrzeczenie
harcerskie dn. 6 mies. lipca 1946 r.
na ręce Ks. H. ...
Otrzymał krzyż harcerski Ser. II L. 577

Komendant Chorągwi Harcerzy

dn. 22 m. ... 19.. r.

*) Wpisać datę wstąpienia do drużyny zuchów (jeśli był zuchem)

Dec Wacław
(podpis posiadacza książeczki służbowej)

Fot. 2. „Książeczka służbowa" druha Wacława Deca.

Fot. 3. Drużyna harcerska przy Liceum Ogólnokształcącym w Suchowoli – 1947 r. Na pierwszym planie, w środku, siedzi Wacław Dec.

Ponieważ liceum było w dużej mierze pod opieką kościoła i księży, Wacław był początkowo szykowany na księdza. Przychylna temu była również matka, gdyż wychodziła z założenia, że „kto ma księdza w rodzie, tego bieda nie ubodzie".

W szkole uczyli się różni uczniowie. Był to okres tuż po zakończeniu działań wojennych. Wielu chłopców było ponad miarę wyrośniętych, niektórzy trafili do szkoły prosto „z lasu". W związku z tym zdarzały się czasami nieprawdopodobne sytuacje. Wacek często podkreślał, że w ogóle były to bardzo „ciekawe" czasy. Kiedyś, z okazji uroczystości mianowania Go „Łodzianinem Roku 1995" wrócił do tamtych czasów, opisując taki obrazek: *Nagle na lekcję języka polskiego, z teczką pod pachą, wchodzi dyrektor szkoły, zacny pan profesor Kamiński. Otwiera teczkę i mówi: panowie, proszę broń oddać do teczki. UB (Urząd Bezpieczeństwa – przyp. autora) jest na dole. Wszyscy wyjęliśmy pistolety zza pasów i włożyliśmy do teczki pana dyrektora – wtedy każdy chodził z pistoletem – to były takie czasy* [2].

Fot. 4. Zespół szkolnych aktorów grających w sztuce *Przyjaciel przyjdzie wieczorem* J. Companeeza i Y. Noé.

Oprócz nauki i harcerstwa Wacek angażował się również w działalność artystyczną. Miał wyraźny czysty głos i jako tenor wyróżniał się wśród skupionej wokół Niego śpiewającej szkolnej gromadki. W teatrze szkolnym grał rozmaite role, m.in. w *Grubych Rybach* Michała Bałuckiego, *Damach i Huzarach* Aleksandra Fredry oraz w *Przyjaciel przyjdzie wieczorem* Jacques'a Companeeza i Ivana Noe.

Ta ostatnia sztuka wywarła na Wacku ogromne wrażenie. Zagrał postać doktora Lestrado, kierownika sanatorium. Melodramat dotyczący II wojny światowej przedstawiał grupę konspiratorów, uczestników francuskiego ruchu oporu, którzy znaleźli schronienie w domu obłąkanych, w małej miejscowości w pobliżu granicy szwajcarskiej. Cała intryga skonstruowana została dookoła postaci niemieckiego szpiega, usiłującego zdekonspirować grupę francuskich patriotów. Jest tu wiele momentów sensacyjnych i zagadek, których rozwiązanie przynosi dopiero zakończenie sztuki [3].

Grane przez uczniów przedstawienie miało duże powodzenie wśród mieszkańców Suchowoli, gdyż każdy z nich doszukiwał się wielu analogii i porównań z niedawną wojenną rzeczywistością. Od tej też pory wszyscy mieszkańcy mówili do Wacława „panie doktorze".

Wacek twierdził później, że kreowana przez Niego rola doktora wywarła nań tak duże wrażenie, iż zdecydował się zostać w przyszłości lekarzem.

W ostatniej klasie liceum, mimo że oficjalnie rozwiązano harcerstwo, Wacek nadal, aż do matury, wraz z kolegami był członkiem nielegalnej drużyny harcerskiej. Hufiec, mimo nacisków, nie chciał oddać sztandaru i Wacław, narażając się na szykany, ukrywał go i przechowywał. Po zdaniu matury, aby uniknąć nękania, za namową księdza K. Wilczewskiego opuścił w czerwcu Suchowolę i wyjechał do Łodzi, gdzie zdecydował się na zdawanie egzaminów wstępnych na Akademię Medyczną. Przynależność do drużyny harcerskiej prowadzonej przez księdza K. Wilczewskiego nie ułatwiła Mu jednak zrealizowania zamierzeń.

Zdał egzamin. Na studia jednak nie został przyjęty. Skreślono Go z listy studentów z powodu „niejasnej przeszłości politycznej".

Wacław opowiadał: *Poszedłem na skargę do prof. Bagińskiego. Pan profesor mnie skrzyczał – ty smarkaczu zajmujesz się polityką a nie nauką, no to masz tutaj list i jedź do Poznania, wstąpisz na Prawo. Dostałem takie skierowanie od pana profesora Bagińskiego – ale nie pojechałem* [2].

Przez następny rok pozostał w Łodzi i aby przeżyć, podejmował się różnych prac. Odgruzowywał zrujnowane podczas wojny Bałuty, pracował w Magistracie jako urzędnik, udzielał korepetycji i był nocnym stróżem w sklepie. Opowiadał, że najbardziej stresującym zajęciem było nocne pilnowanie zamkniętego od zewnątrz na cztery spusty sklepu. Bał się, że np. w razie ewentualnego pożaru nie będzie miał żadnej szansy na ucieczkę. Kierownik sklepu zamykał go wewnątrz z obawy, aby stróżując, nie skorzystał z okazji i nie okradł sklepu.

W 1950 roku postanowił ponownie zdawać egzaminy wstępne na Akademię Medyczną w Łodzi, ale tym razem na Fakultet Wojskowo-Medyczny. Został przyjęty. O wyborze Fakultetu Wojskowego zadecydowała przede wszystkim Jego zła sytuacja materialna. Nie miał środków na życie i studiowanie. Poszedł więc do wojska. Tu nie musiał martwić się o ubranie, wyżywienie, mieszkanie i książki. Zobowiązany był tylko do zdawania egzaminów o czasie. Dla niego było to wyjście wręcz luksusowe, tym bardziej że otrzymywany podczas studiów żołd przekazywał w dużej części bratu Tadeuszowi, aby ten mógł uczyć się w Łodzi w technikum ekonomicznym.

Mundur i skalpel

Z wojskiem Wacław związany był długo. Mimo że rozpoczynając studia, podpisał umowę, iż przepracuje w armii 2 lata za każdy rok studiów – czyli 10–12 lat, nosił mundur aż 34 lata, od 1950 do 1984 roku.

Od początku studiów, dzięki wykazywanym dużym zdolnościom organizacyjnym, pełnił funkcję opiekuna skoszarowanej grupy studenckiej. Głodny pracy społecznej zapisał się do Związku Młodzieży Polskiej. Zdobywał też pierwsze szlify lekarskie jako członek Studenckiego Koła Naukowego przy Klinice Ginekologii i Położnictwa Akademii Medycznej. Oprócz tego, jako wyróżniający się tenor, brał udział w występach chóru studenckiego.

Fot. 5. Wacław Dec. Elew Wojskowego Fakultetu Medycznego w Łodzi – 1950 r.

Na trzecim roku studiów, w 1953 roku, ożenił się z koleżanką ze studiów Zofią Bożeną Ochędalską. Opuścił wtedy koszary Fakultetu Wojskowo-Medycznego i zamieszkał na terenie miasta. Wkrótce, w 1954 roku, urodził się syn Grzegorz.

Student Wacław Dec uczył się bardzo dobrze i wszystkie egzaminy zaliczał w terminie.

Fot. 6. Lek. med. Wacław Dec – 1955 r.

Studia ukończył z wyróżnieniem dnia 29 sierpnia 1955 roku. Za dobre wyniki w nauce otrzymał czerwony Dyplom Lekarza.

AKADEMIA MEDYCZNA
w Łodzi

DYPLOM

Obywatel Dec Wacław
urodzony dnia 27 m-ca lutego r. 1931
w Mikiewiczach, pow. Białystok
po odbyciu studiów na Wydziale Lekarskim w latach od 1950 do 1955 i złożeniu przepisanych egzaminów otrzymał tytuł **lekarza**, stanowiący dowód ukończenia szkoły wyższej i uprawniający do ubiegania się o stopień kandydata nauk oraz o prawo wykonywania zawodu w myśl przepisów prawnych obowiązujących w Polskiej Rzeczypospolitej Ludowej.

Łódź, dn. 29 września 1955 r.

DZIEKAN REKTOR

Fot. 7. Dyplom Lekarza wydany Wacławowi Decowi przez Akademię Medyczną w Łodzi.

Dwa dni później wyjechał do Oleśnicy Śląskiej, gdzie otrzymał nakaz pracy w Technicznej Oficerskiej Szkole Wojsk Lotniczych im. Gen. Walerego Wróblewskiego. Od tego momentu, przez 10 następnych lat, związany był z garnizonami wojsk lotniczych, najpierw w Oleśnicy, a później w Dęblinie.

Początkowo, zanim dogłębnie poznał specyfikę pracy lekarza wojskowego, popełniał niezręczności, które u Jego wojskowych przełożonych wywoływały nie raz rozbawienie. Na szczęście jednak szybko zaprzyjaźnił się ze „starym wygą" wojskowym felczerem Mundkiem. W tym miejscu oddaję głos Prof. Wacławowi Decowi: *Raz w tygodniu robiło się przeglądy sanitarne żołnierzy. Polegało to na tym, że sprawdzało się, czy wojsko nie ma takich dolegliwości jak „wszy łonowe". Nazywają się one „mendy". Więc trzeba było zrobić zbiórkę żołnierzy w dwuszeregu. Podawało się komendę „pierwszy szereg w tył zwrot, ileś tam kroków naprzód marsz, portki spuść" i lekarz szedł oglądać wzgórki łonowe czy nie ma jakichś insektów.*

Były to trzy bataliony – 1500 żołnierzy, na oglądaniu ich wzgórków spędziłem prawie pół dnia. A ten mój kolega Mundek stał z boku i pękał ze śmiechu. Za tydzień mówi: a teraz ja, panie poruczniku, pokażę panu, jak się robi przegląd sanitarny wojska. Brał cały batalion, pięciuset żołnierzy, ustawiał ich w dwóch szeregach i padała komenda – „portki spuść". I pan Mundek siadał na rower i rowerem przejeżdżał wzdłuż szeregu w jedną stronę, zawracał i z powrotem. Tak mnie wprowadzał w życie lekarza wojskowego [2].

W Oleśnicy pracował jako lekarz izby chorych, jako szef Służby Zdrowia Szkoły Wojsk Lotniczych, pełnił na wolontariacie obowiązki lekarza w szpitalu powiatowym, pracował na pełnym etacie w Technicznej Oficerskiej Szkole Wojsk Lotniczych, dyżurował w Powiatowej Stacji Pogotowia Ratunkowego i wielokrotnie, w ramach zastępstwa, pełnił obowiązki dyrektora szpitala. Działał w Polskim Czerwonym Krzyżu i prowadził cykliczne wykłady z zakresu oświaty sanitarnej. W tym czasie, pod kierunkiem dr. Wojciecha Ratajskiego, uzyskał pierwszy stopień specjalizacji z położnictwa i ginekologii. Jednocześnie, zgodnie z grafikiem, awansował na kolejne stopnie oficerskie.

Ciekawe, że mimo służby w jednostce lotniczej nigdy nie latał samolotem. Podczas benefisu z okazji nadania mu miana Łodzianina Roku opowiadał, że kiedyś w ramach szkolenia zaplanowano skoki ze spadochronem: *Samolotem nie latałem. Wtedy były takie czasy, że dowódcami i doradcami wojskowymi byli przeważnie oficerowie radzieccy. I w pewnym momencie padł rozkaz – to był rok 1956 lub 1957 – „wszyscy oficerowie wojsk lotniczych muszą posiadać odznakę spadochronową". W związku z powyższym wywożono oficerów w powietrze i wyrzucano z samolotu. Wszyscy wylądowali, ale część miała połamane nogi lub inne części ciała. Popłoch był niezwykły. Ponieważ ja wtedy już byłem w ścisłym dowództwie tej jednostki, byłem starszym lekarzem Szkoły Oficerskiej, to leciałem wraz z całym sztabem.*

Wsadzono nas w samolot, który nazywał się Li-2. Były to samoloty na licencji amerykańskiej. Komendant szkoły daje rozkaz, aby startować, silniki uruchomiono i – w tym momencie stał się cud! Sekretarz partii jednostki padł na kolana i zamaszyście zaczął się żegnać – „w imię Ojca i Syna i Ducha Świętego. Panie Boże miej w opiece moją żonę i moje dzieci". No, to był przecież rok 1957. To była niezwykła sprawa. Dowódca zatrzymał ten lot, wszyscy wysiedliśmy. I tak oto jestem przed Państwem... [2].

Na temat pracy w Oleśnicy Profesor wspominał: *Było mi tak dobrze w Oleśnicy. Byłem takim ważnym lekarzem. Na ulicy prawie wszyscy mi się kłaniali. Lecz w pewnym momencie żona mi mówi: wyjeżdżajmy już stąd. Dlaczego? Bo zwróć uwagę, że co druga osoba nam się kłania. Ja nie mogłem tego zrozumieć. Dlaczego mamy wyjeżdżać? Tak mi tu dobrze, tak tu jestem szanowany i taki ważny i muszę wyjechać?*

I wyjechaliśmy. Do Dęblina. Tam powtórzyło się to samo. Po pięciu latach żona mówi, że już czas wyjeżdżać, bo tu jest nam za dobrze. Musisz uczyć się. I tak się stało, że przyjechaliśmy do Łodzi. Sądzę, że ja bym pozostał w tym Dęblinie czy Oleśnicy. Mieszkałbym w Izbie Chorych i spał na polowym łóżku do chwili obecnej. Ale tym niespokojnym duchem, który mnie ciągle pchał do przodu, była moja żona. Jest lekarzem pediatrą. Koniecznie chciała, żebym w życiu osiągnął coś więcej. Wierzyła w to, że jestem do tego zdolny [2].

Po służbowym przeniesieniu się do Dęblina objął stanowisko ordynatora oddziału położniczego w Garnizonowym Wojskowym Szpitalu Lotniczym oraz lekarza gabinetu ginekologicznego w przychodni przyszpitalnej.

Podczas pięcioletniego okresu pracy w Dęblinie, obok codziennych obowiązków Ordynatora Oddziału, prowadził dla uczniów liceum ogólnokształcącego wykłady i pogadanki z zakresu świadomego macierzyństwa i ojcostwa. Jako wiceprezes oddziału PCK zajmował się szeroką działalnością społeczną w Polskim Czerwonym Krzyżu i zorganizował dobrze działający szpitalny Punkt Ho-

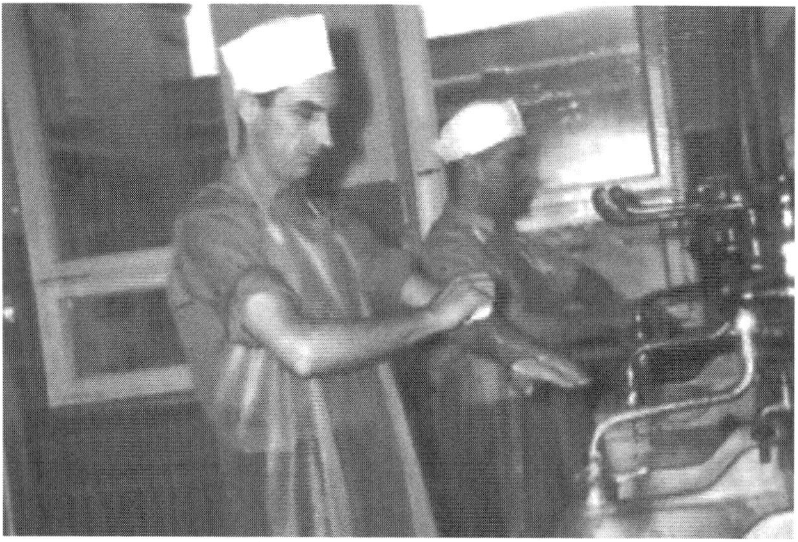

Fot. 8. Kapitan Wacław Dec przygotowuje się do operacji.

norowego i Rodzinnego Krwiodawstwa. Za tę działalność otrzymał Odznakę Honorową PCK. Szczycił się, że kierowana przez Niego placówka uzyskiwała rocznie ponad 600 litrów krwi, tzn. więcej niż w tym okresie np. Wojewódzka Stacja Krwiodawstwa w Warszawie. Z tego właśnie powodu zaproponowano Mu pracę w stolicy i kuszono objęciem stanowiska dyrektora Stacji. Nie miał ochoty na wyjazd do Warszawy. W tym okresie coraz częściej spoglądał w kierunku Łodzi.

Mimo ogromu obowiązków, nawet w czasie dyżuru, wygospodarowywał również czas na relaks.

Zaangażowanie się w działalność społeczną nie przesłoniło Wacławowi Decowi najważniejszego celu, jakim było zdobycie drugiego stopnia specjalizacji z zakresu położnictwa i chorób kobiecych. Do swoich zamiarów przekonał przełożonych i w 1965 roku, wraz z rodziną, wyjechał z Dęblina do Łodzi, aby kontynuować specjalizację w Studium Doskonalenia i Specjalizacji Wojskowej Akademii Medycznej.

Tu kończy się epizod „lotniczy" i zaczyna wytężona dziewiętnastoletnia praca w Centralnym Szpitalu Klinicznym Wojskowej Akademii Medycznej w Łodzi.

Fot. 9. Kapitan Wacław Dec przy stole bilardowym – 1962 r.

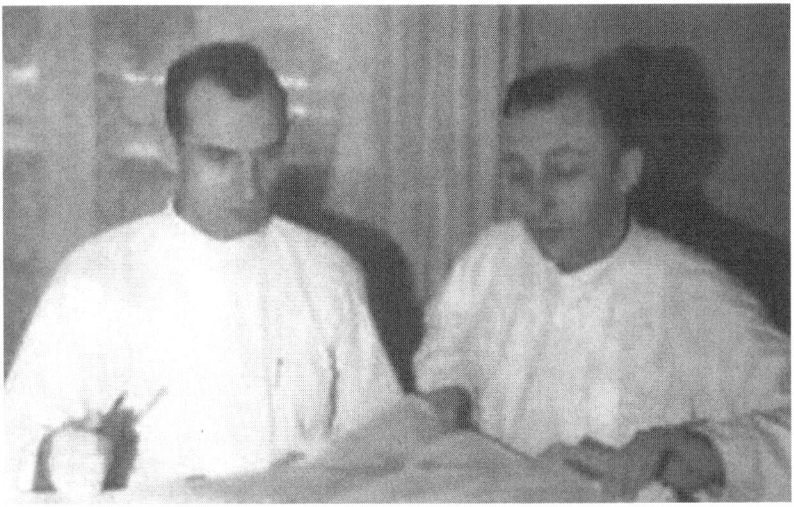

Fot. 10. W przerwie między przyjęciami pacjentów trzeba przejrzeć prasę.

Fot. 11. Kapitan Wacław Dec – 1965 r.

Początkowo zatrudniony został w Klinice Położnictwa i Chorób Kobiecych kierowanej przez prof. Jerzego Pertyńskiego oraz na stanowisku kierownika gabinetu ginekologicznego.

Pod kierunkiem prof. Jerzego Pertyńskiego, w maju 1966 roku, uzyskał II stopień specjalizacji. Mianowano Go następnie konsultantem Ginekologii Klinik WAM.

Przekonany do idei profilaktyki chorób nowotworowych żeńskich narządów płciowych podjął się jednocześnie prowadzenia wykładów na ten temat dla kobiet pracujących w instytucjach wojskowych oraz dla kobiet zrzeszonych w kołach rodzin wojskowych, zarówno w Łodzi, jak i w innych miastach.

W szerzeniu idei profilaktyki nowotworów żeńskich narządów płciowych czerpał m.in. wzory z białostockich doświadczeń prof. Stefana Soszki, niekwestionowanego lidera tych badań w Polsce. Podobnie jak prof. Stefan Soszka, Wacław Dec był przekonany, że najprostszą drogą do wykrywania u kobiet nie tylko raka szyjki macicy, lecz przede wszystkim stanów przedrakowych, jest pobieranie rozmazów cytologicznych z szyjki. Później, już po objęciu stanowiska dyrektora Instytutu Ginekologii i Położnictwa Akademii Medycznej w Łodzi, organizował na bazie Instytutu szkolenia cytologiczne dla ginekologów z całej Polski.

Obok pracy klinicznej podjął się wielu obowiązków w społecznej służbie zdrowia. Był lektorem Oddziału Łódzkiego Polskiego Czerwonego Krzyża, biegłym lekarzem ginekologiem Sądu Wojewódzkiego, biegłym lekarzem Państwowego Zakładu Ubezpieczeń Społecznych i biegłym ginekologiem Zakładu Medycyny Sądowej Wojskowej Akademii Medycznej.

W tym czasie (1970 rok) uzyskał stopień naukowy doktora nauk medycznych. Rozprawa doktorska, napisana pod kierunkiem prof. Jana Leńko, dotycząca „wartości cystografii bocznej pęcherza moczowego dla oceny kształtu pęcherza moczowego w niektórych chorobach ginekologicznych", wyróżniona została nagrodą rektora za rok 1970–1971.

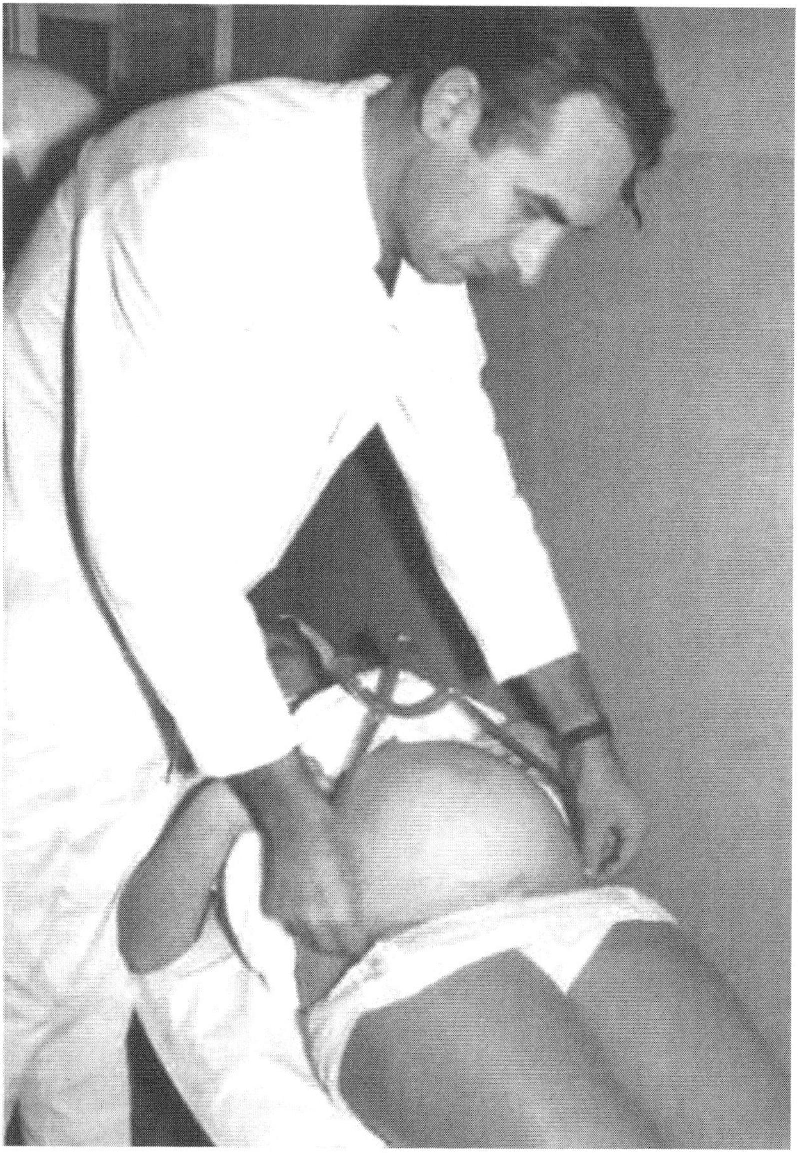

Fot. 12. Dr Wacław Dec przy pracy (1967 r.).

Fot. 13. Konferencja organizacji partyjnej Wojskowej Akademii Medycznej w Łodzi – 1975 r.

Za zgodą komendanta WAM oddelegowany był na dwa lata (1971–1972) do pracy w Instytucie Ginekologii i Położnictwa Akademii Medycznej w Łodzi. Zapoznawał się tam z zagadnieniami dotyczącymi organizacji diagnostyki i leczenia chorych oraz uczył się kierowania akademickim zakładem leczniczym. W tym czasie nawiązał też współpracę z Zakładem Histologii i Embriologii WAM, gdzie poznawał techniki histologiczne i prowadził zajęcia ze studentami.

Wstąpił do Polskiej Zjednoczonej Partii Robotniczej. Pod koniec lat siedemdziesiątych został sekretarzem komitetu uczelnianego. Zdaniem prof. Andrzeja Kuliga, patomorfologa z WAM, *był na tym stanowisku człowiekiem prawym, nigdy nikomu nie zrobił krzywdy* [4]. Profesor Wacław Dec był przekonany, że w ówczesnej rzeczywistości przynależność do partii była jedną z dróg ułatwiającą realizację swoich zamierzeń. Takie to były czasy. A czy dzisiejsze wiele w tym względzie różnią się od tamtych? Wielu naukowców również dzisiaj jest przekonanych, że wiążąc się z wiodącą partią czy stowarzyszeniem, łatwiej zrealizuje swoje zamierzenia. Nie pochwalam tego, ale takie i dzisiaj są realia.

Znakiem czasów, w jakich pracował Wacław Dec, jest pismo, które otrzymał od Konferencji ZSMP (Związku Socjalistycznej Młodzieży Polskiej – przyp. autora) Wojskowej Akademii Medycznej w podziękowaniu za działalność podczas pełnienia funkcji I sekretarza Komitetu Uczelnianego PZPR.

Z racji czynnej działalności w PCK powołany został na członka Komisji Lekarskiej badającej skutki pseudolekarskich eksperymentów na więźniach hitlerowskich obozów koncentracyjnych. Zapoznawał się z dostępnymi źródłami, analizował zawarte w dokumentach dane dotyczące narodowosocjalistycznej polityki rasowej, a także badał niewyobrażalne eksperymenty pseudomedyczne dokonywane przede wszystkim na kobietach. Za tę działalność odznaczony został w 1975 roku Złotą Odznaką PCK.

Interesował się życiem i stanem zdrowia ludzi starszych, zwłaszcza byłych pracowników ochrony zdrowia.

W Wojskowej Akademii Medycznej pełnił kolejno obowiązki asystenta, adiunkta i wreszcie docenta oraz kierownika Kliniki Ginekologii Operacyjnej, mianowany został również na kolejne stopnie oficerskie majora, podpułkownika i pułkownika.

18 października 1977 roku, po przeprowadzeniu przewodu habilitacyjnego i przedstawieniu pracy habilitacyjnej na temat „Postacie kliniczne gestozy a zmiany morfologiczne w łożysku" i zdaniu kolokwium habilitacyjnego otrzymał stopień naukowy doktora habilitowanego nauk medycznych w zakresie położnictwa i ginekologii.

W 1978 roku otrzymał nominację na stopień pułkownika.

Długoletnim „mundurowym" współpracownikiem Profesora Wacława Deca był prof. Grzegorz Krasomski. Na moją propozycję napisania krótkich wspomnień o Profesorze przystał po długim zastanowieniu i nie bez wahania. Rozważał, czy ma pisać w samych superlatywach, czy przedstawić również zachowania niejednoznaczne. Napisał mi, że przekonałem go jednak, *iż stara rzymska zasada Plutarcha „De mortus aut bene aut nihil" uczyniłaby nasze wspomnienia sztucznymi i niewiarygodnymi* [5].

Fot. 14. Podpułkownik Wacław Dec w Klubie Seniora Związku Zawodowego Pracowników Służby Zdrowia – 1977 r.

Profesor Grzegorz Krasomski przyznaje, że: *Wacek był postacią niewątpliwie szlachetną, lecz kontrowersyjną, której nie da się zaszufladkować jednoznacznie. Mam na uwadze Jego bliską współpracę z reżimem, która niewątpliwie ułatwiła Mu zrobienie kariery i zapobiegła zniszczeniu Go do końca. Jednocześnie nie było w Jego działaniach zamiaru krzywdzenia innych osób. Generalnie był nadzwyczaj przyjacielski dla ludzi spoza własnego grona zawodowego, lecz różnie bywało w kontaktach z własnym środowiskiem…*

Fot. 15. Podpułkownik doc. dr hab. Wacław Dec – 1977 r.

Fot. 16. Rektor WAM prof. Tadeusz Brzeziński wręcza podpułkownikowi Wacławowi Decowi odznaczenie resortowe.

(...) Obecność Wacka wśród nas znacznie ożywiła i urozmaiciła życie w naszej społeczności. Cieszył się dużym autorytetem jako lekarz, dobrze operował, a przy tym był niesłychanie bezpośredni – wprost „brat – łata" (...)

(...) Ze znacznie młodszymi od siebie kolegami przeszedł „na ty", co jednak nie skutkowało załamaniem dyscypliny i zaburzeniem hierarchii. Miał obowiązek nadzorować asystentów w zbieraniu materiałów do prac naukowych i przestrzeganiu wyznaczonych terminów. Paradował z dużym zeszytem w czarnej okładce z zapisanymi informacjami, którego widok (zeszytu) wywoływał u kolegów znaczny niepokój. Do pomocy w tym dziele, mającym stanowić zarzewie dynamicznego rozwoju naukowego placówki, zostałem Mu przydzielony ja, wówczas wolontariusz i świeżo upieczony magister biochemii. W istocie szybko posypały się liczne doktoraty, liczne publikacje i uczestnictwo czynne w prawie wszystkich konferencjach naukowych.

Fot. 17. Konferencja Naukowa Ginekologów Wojskowych.
Za stołem prezydialnym od lewej: prof. prof. Wiesław Szymański (Bydgoszcz), Wacław Dec, Jan Zieliński (Warszawa), Jerzy Gerber (Wrocław), Izabella Rzepka-Górska (Szczecin).

Szczególną sławą cieszyły się organizowane przez naszą Katedrę co kilka lat konferencje naukowe ginekologów wojskowych. Zjeżdżała się na nie niemal cała sława polskiej ginekologii (...)

(...) Dobra opinia wynikała rzecz jasna nie tylko z wyjątkowo wysokiego poziomu naukowego spotkań, lecz również z dobrej organizacji i wyśmienitej atmosfery. Poza przemiłą osobą szefa rej wodził niezastąpiony Wacek. Pamiętne były Jego suto zakrapiane biesiady z gronem szacownych leciwych profesorów, na czele z nestorem ginekologów, profesorem Nowosadem. Odnosiło się wrażenie, że niektórzy profesorowie przyjeżdżają na nasze konferencje po to, żeby spędzić miły czas z doktorem Decem.

Wacek sypał kawałami i śpiewał arie operowe.

W Międzyzdrojach podczas jednej z konferencji nadano informację o śmierci Breżniewa. Wacek zaprosił kilku kolegów do pobliskiej restauracji na wódkę i głośno wzniósł toast z jakiej to intencji pijemy.

Ponieważ występowaliśmy na konferencjach w mundurach wojskowych, można sobie wyobrazić zaskoczenie licznych restauracyjnych gości.

Warto wspomnieć, że doktor, a później docent Wacław Dec był wielokrotnym sekretarzem Komitetu Uczelnianego PZPR w WAM. Jego niewyparzony język stał się w okresie stanu wojennego przyczyną osobistej tragedii, łącznie ze zwolnieniem z wojska i usunięciem z WAM.

Jak każdy człowiek o silnej osobowości był postacią kontrowersyjną. Odczułem to na własnej skórze. Żyliśmy na bardzo przyjaznej i koleżeńskiej stopie, dopóki nie stanęła sprawa mojej habilitacji. Był wtedy już docentem, w pewnym sensie moim przełożonym, bo podlegałem bezpośrednio profesorowi Janowi Krajewskiemu. Doświadczyłem wówczas ze strony Wacka wielu szykan i myślę, że żałował tego później. Lecz w najważniejszej chwili, gdy szef zarządził głosowanie w sprawie wszczęcia mojej habilitacji, wśród samodzielnych pracowników Katedry, doc. Dec orzekł – „tyle mu nadokuczałem, a jak zniósł to, to zasługuje na docenturę".

Nasz szef prof. Jan Krajewski, człowiek niezwykłej prawości i uczciwości, znał obie strony Jego natury, lubił Go, lecz uważał, że niektóre działania podejmuje zbyt pochopnie.

Podobnie było z Jego niezręczną wypowiedzią na temat aborcji, którą wygłosił przed Komisją Senacką III RP. Źle zinterpretowana, wyjęta z kontekstu i nagłośniona w mediach uczyniła z Niego „wroga" Dekalogu i Kościoła. Jego pochówek stał się skandalem sprowokowanym politycznie przez lewackich pseudoprzyjaciół [5].

„Romans" z mundurem Prof. Wacław Dec kończy w 1984 roku jako docent w stopniu pułkownika. W lutym tego roku został zwolniony z zawodowej służby wojskowej.

Oficjalnie powodem zwolnienia z wojska był zły stan zdrowia. Mimo że czuł się dobrze i twierdził, że nic mu nie dolega, udowodniono, iż ma poważną chorobę wieńcową i przebył zawał serca, z którego nie zdawał sobie sprawy.

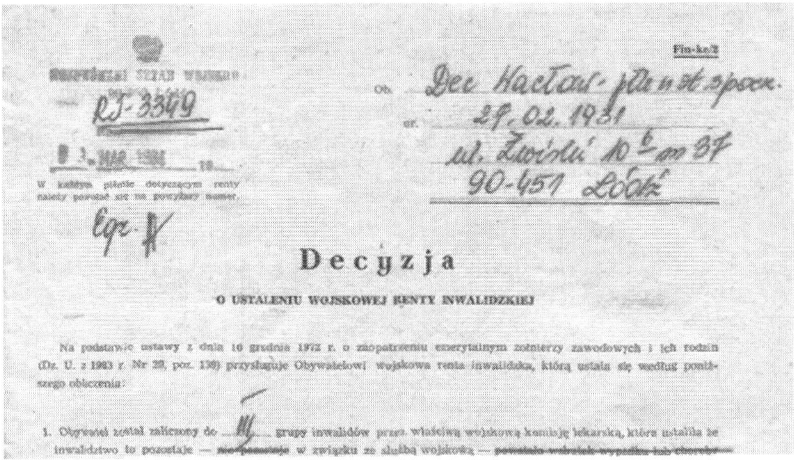

Decyzja

O USTALENIU WOJSKOWEJ RENTY INWALIDZKIEJ

Na podstawie ustawy z dnia 10 grudnia 1972 r. o zaopatrzeniu emerytalnym żołnierzy zawodowych i ich rodzin (Dz. U. z 1983 r. Nr 28, poz. 130) przysługuje Obywatelowi wojskowa renta inwalidzka, którą ustala się według poniższego obliczenia:

1. Obywatel został zaliczony do III grupy inwalidów przez właściwą wojskową komisję lekarską, która ustaliła że inwalidztwo to pozostaje — w związku ze służbą wojskową —

Fot. 18. Decyzja o ustaleniu wojskowej renty inwalidzkiej obywatelowi pułkownikowi Wacławowi Decowi.

Wojskowa Komisja Lekarska w Bydgoszczy ustaliła, że schorzeniami powodującymi niezdolność do służby wojskowej pułkownika Wacława Deca są: *1. Choroba wieńcowa; 2. Zwyrodnienie mięśnia sercowego w okresie wydolności krążenia; 3. Choroba wrzodowa żołądka; 4. Nerwica neurasteniczna; 5. Przewlekłe zapalenie gardła i krtani; 6. Skrzywienie przegrody nosa; 7. Przewlekłe zapalenie spojówek; 8. Krótkowzroczność z zaczynającą się zaćmą obu oczu; 9. Zespół bólowy rwy lędźwiowo-kulszowej; 10. Płaskostopie poprzeczne; 11. Stan po operacji żylaków podudzi; 12. Ubytki uzębienia.*

Zaliczono Go do III grupy inwalidzkiej. Od marca 1984 roku przeszedł na wojskową rentę inwalidzką.

W związku ze zwolnieniem z zawodowej służby wojskowej Komendant Wojskowej Akademii Medycznej przesłał Wacławowi Decowi podziękowanie za wieloletnią służbę wojskową.

Prawdziwym powodem zwolnienia pułkownika Wacława Deca ze służby wojskowej było pozostanie za granicą syna Grzegorza. Grzegorz ożenił się z Polką mieszkającą w Szwecji. W 1983 roku wyjechał tam na stałe. Posypały się gromy na głowę pułkownika. Nie do po-

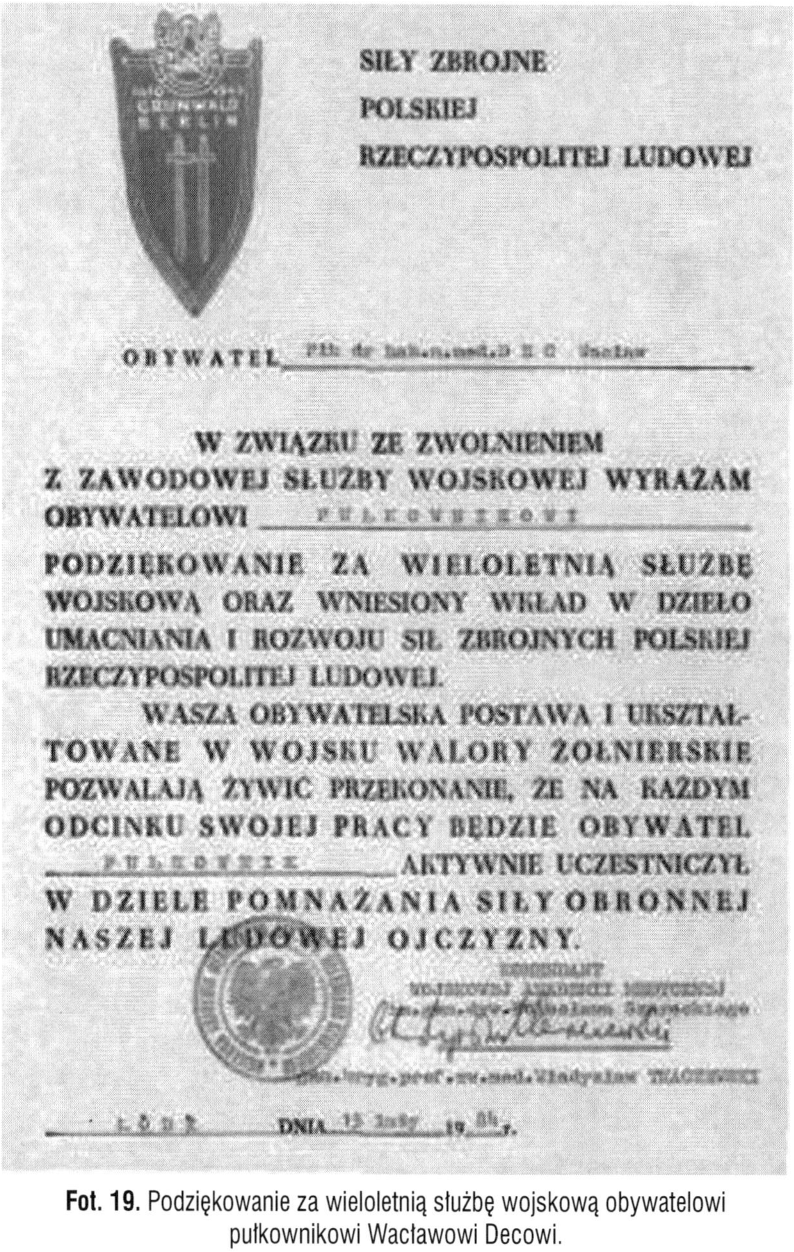

SIŁY ZBROJNE
POLSKIEJ
RZECZYPOSPOLITEJ LUDOWEJ

OBYWATEL [illegible]

W ZWIĄZKU ZE ZWOLNIENIEM
Z ZAWODOWEJ SŁUŻBY WOJSKOWEJ WYRAŻAM OBYWATELOWI [illegible]
PODZIĘKOWANIE ZA WIELOLETNIĄ SŁUŻBĘ WOJSKOWĄ ORAZ WNIESIONY WKŁAD W DZIEŁO UMACNIANIA I ROZWOJU SIŁ ZBROJNYCH POLSKIEJ RZECZYPOSPOLITEJ LUDOWEJ.

WASZA OBYWATELSKA POSTAWA I UKSZTAŁTOWANE W WOJSKU WALORY ŻOŁNIERSKIE POZWALAJĄ ŻYWIĆ PRZEKONANIE, ŻE NA KAŻDYM ODCINKU SWOJEJ PRACY BĘDZIE OBYWATEL [illegible] AKTYWNIE UCZESTNICZYŁ W DZIELE POMNAŻANIA SIŁY OBRONNEJ NASZEJ LUDOWEJ OJCZYZNY.

[illegible]

[illegible] DNIA [illegible] 19[illegible]r.

Fot. 19. Podziękowanie za wieloletnią służbę wojskową obywatelowi pułkownikowi Wacławowi Decowi.

myślenia było, żeby „nie umiejąc wychować w duchu patriotycznym" swego syna, mógł pełnić obowiązki nauczyciela akademickiego. Musiał opuścić Wojskową Akademię Medyczną.

W piątym roku po zdjęciu munduru Wojskowa Akademia Medyczna, w dowód pamięci o swoim absolwencie i długoletnim pracowniku, przyznała Prof. Wacławowi Decowi medal pamiątkowy.

W 1991 roku pułkownik w stanie spoczynku Wacław Dec otrzymał od wiceadmirała Piotra Kołodziejczyka pismo następującej treści: *Głębokie przemiany w naszym kraju skłaniają do odmiennego spojrzenia na wiele spraw i wydarzeń z przeszłości. Dawne podziały tracą rację bytu, zabliźniają się rany, społeczeństwo jednoczy się wokół wspólnych celów.*

Żołnierzy naszego wojska zawsze łączyło głębokie umiłowanie Ojczyzny i poświęcenie w służbie dla Niej. Wspólny cel – dobro kraju pozostaje niezmienny i na tej drodze nic nie powinno nas dzielić.

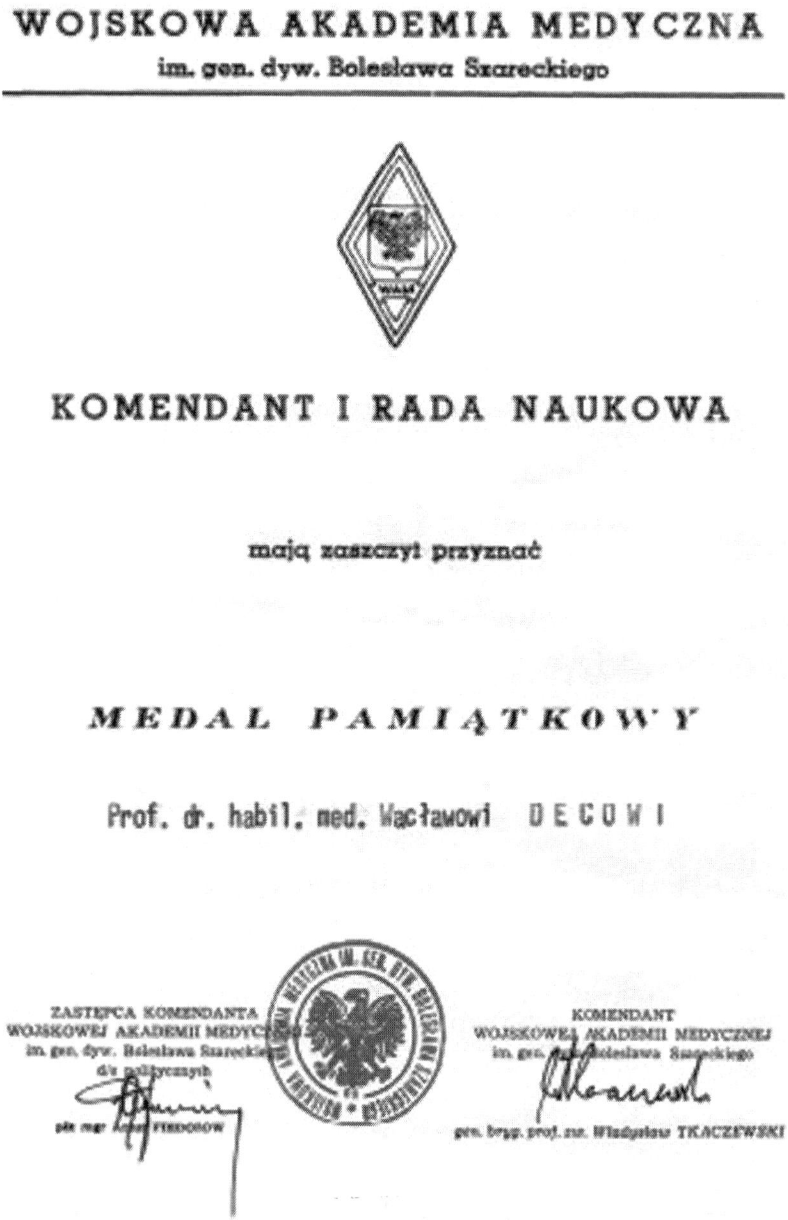

WOJSKOWA AKADEMIA MEDYCZNA

im. gen. dyw. Bolesława Szareckiego

KOMENDANT I RADA NAUKOWA

mają zaszczyt przyznać

MEDAL PAMIĄTKOWY

Prof. dr. habil. med. Wacławowi DECOWI

ZASTĘPCA KOMENDANTA
WOJSKOWEJ AKADEMII MEDYCZNEJ
im. gen. dyw. Bolesława Szareckiego
d/s politycznych

KOMENDANT
WOJSKOWEJ AKADEMII MEDYCZNEJ
im. gen. dyw. Bolesława Szareckiego

gen. bryg. prof. zw. Władysław TKACZEWSKI

Fot. 20. Medal pamiątkowy z podobizną gen. dyw. Bolesława Szareckiego przyznany Wacławowi Decowi przez Wojskową Akademię Medyczną w Łodzi.

Mądrzejsi o doświadczenia przeszłości ubolewamy nad tym, że Pańskiemu rozstaniu z mundurem towarzyszyła gorycz i poczucie krzywdy. Puszczenie ich w niepamięć będzie trudne, ufam jednak, że możliwe. Przekonanie, że w dziele umacniania Rzeczpospolitej jest miejsce dla każdego pozwala mi wierzyć, iż długie lata sumiennej służby w szeregach Wojska Polskiego pozostaną dla Pana źródłem osobistej satysfakcji i poczucia dobrze spełnionego obowiązku.

Dziękując raz jeszcze za udział w umacnianiu obronności kraju, życzę Panu dużo dobrego zdrowia i wszelkiej pomyślności. Z wyrazami szacunku Piotr KOŁODZIEJCZYK wiceadmirał [6].

Działalność naukowa

Po kilku miesiącach pozostawania bez pracy, 1 maja 1984 roku minister zdrowia i opieki społecznej Tadeusz Szelachowski powołał dr. hab. Wacława Deca na stanowisko docenta w Akademii Medycznej w Łodzi.

1 października tego samego roku został dyrektorem Instytutu Ginekologii i Położnictwa Akademii Medycznej w Łodzi.

Profesor Wacław Dec miał szczęście, że na swojej drodze zawodowej i naukowej spotkał takich ludzi, jak prof. prof. Jerzy Pertyński, Jan Leńko, Jan Krajewski, Gabriel Fijałkowski i Leszek Cieciura. Byli to Jego profesorowie z okresu studiów, których ponownie spotkał w Łodzi po wieloletniej pracy jako lekarz wojskowy pozbawiony praktycznie kontaktu ze środowiskiem naukowym.

Natychmiast po związaniu się z Wojskową Akademią Medyczną, obok normalnych obowiązków zawodowych, rzucił się w wir pracy naukowej. Uczestniczył w działalności naukowej Kliniki Położnictwa i Chorób Kobiecych WAM. Nawiązał współpracę z Kliniką Ginekologii i Położnictwa Akademii Medycznej w Łodzi, z Kliniką Urologiczną i Chirurgiczną, z Zakładem Histologii i Embriologii oraz z Zakładem Radiologii Lekarskiej WAM. Pod kierunkiem prof. Gabriela Fijałkowskiego opublikował wiele prac naukowych dotyczących radiodiagnostyki układu narządów moczowych kobiet.

Współpraca z prof. Leszkiem Cieciurą zaowocowała opublikowaniem siedmiu doniesień naukowych dotyczących badań ultrastrukturalnych kosmka łożyska ludzkiego w ciąży fizjologicznej i powikłanej gestozą. Było to pierwsze tego typu opracowanie w kraju i za granicą.

Fot. 21. Wacław Dec z prof. Gabrielem Fijałkowskim.

Pod kierunkiem prof. Jana Krajewskiego opracowywał zagadnienia dotyczące szeroko pojętej patologii ciąży, porodu i połogu, a zwłaszcza problem niedokrwistości.

Współpraca z wymienionymi osobistościami i zakładami naukowymi pozwoliła Wacławowi Decowi na przeprowadzenie przewodów doktorskiego i habilitacyjnego, nobilitujących Go w środowisku naukowym.

W okresie pracy w Wojskowej Akademii Medycznej Prof. Wacław Dec opublikował w czasopismach krajowych i zagranicznych 37 artykułów naukowych, w tym 3 artykuły przed doktoratem i 34 w okresie pomiędzy obroną pracy doktorskiej a kolokwium habilitacyjnym. Brał również czynny udział w wielu konferencjach, sympozjach i zjazdach krajowych i zagranicznych.

Po rozpoczęciu pracy w Akademii Medycznej w Łodzi zintensyfikował swoje działania naukowe. Zaangażował się przede wszystkim w rozwiązywanie problemów medycznych dotyczących dziewczynek i młodocianych. Współpracował w tym względzie z prof. Aliną Ko-

Fot. 22. Profesorski „trójkąt": Alina Komorowska, Wacław Dec, Teresa Pajszczyk-Kieszkiewicz.

morowską. Uczestniczył czynnie i organizował konferencje naukowe i sympozja Sekcji Ginekologii Dziecięcej i Dziewczęcej PTG. Starał się stworzyć jak najlepsze warunki do opieki ginekologicznej nad dziewczynkami w Polsce. Szczególnie zatroskany był zagadnieniami związanymi z wczesnym macierzyństwem, przede wszystkim przebiegiem ciąży i porodu u kobiet poniżej 18 roku życia. Był przekonany, że wymagania, jakie stawia przed młodymi kobietami ciąża, przekraczają możliwości biologiczne nie w pełni jeszcze rozwiniętego młodego organizmu [7].

Nieobce były Mu zagadnienia położnicze, których rozwiązywanie wiązało się z dużym ryzykiem dla życia zarówno płodu, jak i matki. Ciążą zagrożoną wystąpieniem wielu problemów medycznych i socjalnych jest ciąża wielopłodowa, w której umieralność i zachorowalność okołoporodowa płodów i noworodków jest bardzo wysoka. Prof. Wacław Dec doskonale rozumiał konieczność stosowania w ciążach wielopłodowych specyficznej i znacznie poszerzonej opieki przedpo-

Fot. 23. Profesor Wacław Dec w objęciach prof. Teresy Pajszczyk-Kieszkiewicz.

rodowej. Mając to na uwadze, opracował wraz z zespołem schemat odpowiedniego postępowania przedporodowego. Nie mógł pogodzić się z tym, że dotychczasowy postęp, jaki dokonał się w zakresie obniżenia odsetka umieralności i zachorowalności okołoporodowej płodów i noworodków pochodzących z ciąż wielopłodowych dotyczył przede wszystkim opieki neonatologicznej. Dążył do tego, aby w równej mierze zaistniał on też w obszarze opieki położniczej [8, 9].

W związku z narastającą tendencją do wzrostu liczby cięć cesarskich w przypadkach położeń miednicowych płodów i towarzyszącej im chorobowości matek oraz rosnących kosztów leczenia prof. Wacław Dec poszukiwał alternatywnych metod rozwiązywania porodów miednicowych [10]. Doszedł do przekonania, że dobrą, znaną od dawna alternatywną metodą jest próba dokonania obrotu położniczego zewnętrznego z położenia miednicowego na główkę i doprowadzenie do porodu drogami i siłami natury – oczywiście przy braku przeciwwskazań do takiego sposobu postępowania. Aby zmniejszyć ryzyko wystąpienia ewentualnych powikłań zagrażających płodowi lub matce, przestrzegał zasady, by ciężarna szykowana do obrotu zewnętrznego była przygotowana podobnie jak do cięcia cesarskiego. W tych przypadkach konieczne było prowadzenie ciągłego zapisu KTG. Czas operacji nie mógł przekraczać 5 minut. Celem zwiotczenia mięśnia macicy wskazane było podanie beta-mimetyków. Ścisłe przestrzeganie szczegółowego monitorowania pacjentki i płodu w trakcie i po wykonanym zabiegu umożliwiało ujawnienie ewentualnych powikłań zagrażających płodowi lub matce.

W całokształcie opieki nad kobietą ciąży istotną rolę odgrywa niedokrwistość ciężarnych. Prof. Wacław Dec interesował się znaczeniem tej nieprawidłowości w klinice porodów przedwczesnych i ciąży przeterminowanej. Zaobserwował m.in., że u kobiet z niedokrwistością dwukrotnie częściej obserwowane są objawy nadciśnienia związanego z ciążą oraz że niedokrwistość w ciąży sprzyja wcześniejszemu jej zakończeniu. Poza tym przeprowadzał wiele obserwacji klinicznych dotyczących wpływu ciąży na czynność układu moczowego i otyłości na przebieg ciąży. Analizował powikłania położnicze w ciążach nieobciążonych „wysokim ryzykiem”.

Profesor Wacław Dec otwarty był na wszelkie nowości w położnictwie. Gdy w 1984 roku rozpoczął kierowanie Instytutem, zastał reorganizujący się blok porodowy, w którym z inicjatywy doc. doc. Włodzimierza Fijałkowskiego i Tadeusza Laudańskiego starano się stworzyć atmosferę zbliżoną do domowej. Nie tylko przyklasnął tej inicjatywie, ale i z całym oddaniem sekundował zabiegom organizacyjnym mającym na celu przystosowanie w bloku porodowym pomieszczeń umożliwiających stałą obecność przy porodzie męża, ze spokojną muzyką, panującym półmrokiem, zapewniających pacjentkom atmosferę stwarzającą nieskrępowaną możliwość poruszania się w pierwszym okresie oraz przyjęcie dowolnej pozycji w drugim okresie porodu, z wystrojem przypominającym warunki domowe i własną strefą sanitarną [11]. Były to pionierskie posunięcia, które w następnych latach stały się standardem. Na wszystkich oddziałach położniczych w Polsce stworzono warunki do porodów rodzinnych w realiach szpitalnych.

Prawdziwą „domową porodówkę" w Instytucie uruchomiono 26 października 1991 roku. Z bloku porodowego Kliniki Perinatologii kierowanej przez prof. Tadeusza Laudańskiego wydzielono dwupokojowy lokal przypominający mieszkanie. W wywiadzie udzielonym z tej okazji „Expressowi Ilustrowanemu" Prof. Wacław Dec powiedział: *W Klinice odbyło się już blisko 1000 porodów z udziałem mężów położnic. Działo się to jednak w warunkach dalekich od komfortu. W normalnym boksie szpitalnym. Teraz robimy krok naprzód. Szpitalne pomieszczenia upodabniamy do normalnego mieszkania, w którym może funkcjonować rodzina. Domowa porodówka czeka na małżeństwa, które ukończyły szkołę rodzenia, ale przy porodzie asystować może matka lub siostra rodzącej, a nawet dzieci. To jest krok w kierunku promocji porodów w domach. Wiele pacjentek pozostających pod opieką lekarzy z Instytutu rodzi już w domach, co bulwersuje środowisko... Do Instytutu, dzięki inicjatywie profesora Jacka Suzina sprowadzamy z Holandii superfotel ginekologiczno-położniczy oraz kilka fotelików położniczych. W te fotele wyposażymy przede wszystkim domową porodówkę. Zastąpią one tradycyjne żelazne łoża* [12].

Fot. 24. Profesor Wacław Dec w rozmowie z prof. prof. Jackiem Suzinem i Teresą Pajszczyk-Kieszkiewicz.

Gdy na początku lat dziewięćdziesiątych prof. Tadeusz Laudański zwrócił się do Profesora Wacława Deca, jako do dyrektora Instytutu, z propozycją przystosowania bloku porodowego do możliwości odbywania przez kobiety porodów w wodzie (w Polsce nikt inny jeszcze o tym nie myślał), Profesor przyklasnął temu pomysłowi i szybko doprowadził do tego, że pierwszy w Polsce poród w wodzie prof. Tadeusz Laudański odebrał w 1994 roku w Instytucie Ginekologii i Położnictwa Akademii Medycznej w Łodzi [13].

Nawiasem mówiąc, musiało minąć aż 189 lat od pierwszego w świecie porodu w wodzie opisanego w 1805 roku przez M. Embry na łamach „Annales de la Societé de Medicine Pratiqué de Montpelier", aby znane relaksacyjne i łagodzące ból właściwości wody wykorzystane zostały po raz pierwszy w polskiej klinice położniczej [13].

Profesor Dec był wielkim zwolennikiem i orędownikiem porodów w wodzie i nie raz, chcąc zainteresować tym sposobem rodzenia położników z całego kraju, przy wannie porodowej demonstrował z wielkim humorem, najczęściej na swojej osobie, korzyści jakie kobiecie rodzącej dają hydrokinetyczne właściwości wody pozwalające na ominięcie prawa ciążenia.

To dzięki takiej przekonującej „reklamie" natychmiast wprowadziliśmy porody w wodzie na naszym Oddziale w Szpitalu Miejskim w Kielcach [14]. Bardzo szybko ten sposób rodzenia upowszechnił się w Polsce, a Profesor Dec z dumą podkreślał zasługi na tym polu swego współpracownika profesora Tadeusza M. Laudańskiego.

Jednym z głównych tematów badawczych prof. Wacława Deca były zagadnienia planowania rodziny i antykoncepcji. Dewizą tych zainteresowań było przekonanie Profesora, że zadaniem całej ochrony zdrowia, a szczególnie lekarzy ginekologów, jest udzielanie informacji na temat płodności i metod zapobiegania niepożądanej ciąży. Uważał, że lekarz, niezależnie od swoich poglądów osobistych czy religijnych, powinien jak najrzetelniej udzielić porady dotyczącej planowania rodziny, a tym samym antykoncepcji.

Wyrażał też pogląd, że współczesna antykoncepcja oparta na czterech rodzajach środków: 1. hamujących owulację lub spermatogenezę; 2. uniemożliwiających połączenie się komórki płciowej żeńskiej i męskiej; 3. plemnikobójczych; 4. wykorzystujących biologiczny rytm płodności u kobiety; pozwala człowiekowi zdecydować się na potomstwo w warunkach optymalnych dla dziecka i rodziny. Opracowania naukowe Prof. W. Deca dotyczące antykoncepcji skupiają się przede wszystkim na wpływie poszczególnych metod antykoncepcyjnych na organizm i zdrowie kobiety.

Innym nurtem zainteresowań naukowych Prof. Wacława Deca były badania ultrastrukturalne łożyska w przebiegu ciąży prawidłowej i powikłanej gestozą. Badania te poszerzały istniejące poglądy zarówno na budowę łożyska, jak i na jego czynność. Badał zachowanie i zastanawiał się nad znaczeniem w łożysku komórek Hofbauera. Komórki te wzbudziły ciekawość badacza nie tylko ze względu na ich charakter morfologiczny, ale i z tego powodu, że pojawiało się ich dużo w łożyskach patologicznych. Interesował się ich znaczeniem w łożyskach kobiet ciężarnych dotkniętych gestozą i dociekał istoty ich zachowania. Zwrócił też uwagę na bogato rozwinięte organelle komórkowe w cytotrofoblaście i szukał korelacji między tymi organellami a wartościami stężenia HCG w moczu kobiety ciężarnej. Jednocześnie, prowadząc badania w mikroskopie elektronowym, zaobserwował, że cytotrofoblast nie znika w łożysku w miarę zaawansowania ciąży. Jednak począwszy od 14 tygodnia staje się on uboższy w organelle komórkowe. Wzmożona synteza estrogenów powoduje, że syncytium cieńczeje i mikrokosmki stają się krótsze oraz coraz mniej liczne. Towarzyszy temu poszerzenie się cystern ergastoplazmy.

Szczególne miejsce w dokonaniach naukowych Prof. Wacława Deca zajmowały zagadnienia związane z profilaktyką raka trzonu i szyjki macicy oraz diagnostyką i leczeniem nowotworów jajnika. Zajmował się nie tylko diagnostyką i leczeniem stanów przednowotworowych i raka szyjki macicy, lecz usiłował także patrzeć na wymienione stany w sposób naukowy. Jego poglądy i działania w tym zakresie wybiegały znacznie poza aktualnie istniejące i ogólnie przyjęte sposoby postępowania. Był przekonany, że najlepszą metodą leczenia stanów przedrakowych szyjki macicy (dysplazji) jest konizacja chirurgiczna szyjki z następową koagulacją rany [15].

Analizując leczone pacjentki, u których stwierdzono raka trzonu macicy, zwrócił uwagę, że średni wiek kobiet chorych na raka przesuwa się wyraźnie na lata wcześniejsze. Dokonał jednocześnie interesujących obserwacji, że większość kobiet chorych na raka trzonu była wcześniej w ciąży, co nie zgadzało się z ówczesnymi danymi podręcznikowymi [16]. Był przekonany, że obserwacje Jego zespołu wiążą się z notowanym wzrostem częstości występowania patologicznych nienowotworowych rozrostów endometrium i to zarówno w liczbach bezwzględnych, jak i w stosunku do raków trzonu macicy [17].

Odnośnie do profilaktyki raka jajnika stał na stanowisku, że podstawową formą zapobiegania tej chorobie jest leczenie operacyjne guzów jajnikowych stwierdzonych już u dzieci i młodocianych [18].

Zajmując się leczeniem operacyjnym, nie wahał się przed stosowaniem kontrowersyjnych sposobów postępowania. Na przykład patronował dość dyskusyjnym działaniom operacyjnym polegającym na dokonywaniu wyłuszczania mięśniaków macicy podczas trwania ciąży lub w trakcie cięcia cesarskiego [19]. Twierdził, że mimo istniejących w piśmiennictwie naukowym sygnałów o grożących w takich przypadkach powikłaniach ze strony układu krzepnięcia w swoim materiale nie zaobserwował poważnych powikłań pooperacyjnych.

Był również głęboko zainteresowany zagadnieniami urologii ginekologicznej. Poszukiwał metod rozpoznawczych, które ułatwiłyby diagnostykę urologiczno-ginekologiczną. Jest pomysłodawcą tzw. cystografii bocznej, która pozwalała na wykazanie większej niż cystografia przednio-tylna liczby szczegółów dotyczących kształtu pęcherza moczowego w odniesieniu do innych narządów miednicy mniejszej.

Kamica nerkowa, nieprawidłowe położenie nerek (nerka ruchoma), wady wrodzone układu moczowego u kobiet, gruźlica moczowo-płciowa i torbielowatość nerek były w centrum zainteresowania klinicznego i naukowego Prof. Wacława Deca.

Pasjonował się metodami leczenia wysiłkowego nietrzymania moczu i przetok moczowodowo-macicznych oraz pęcherzowo-pochwowych. Wśród istniejących, rutynowych metod operacyjnych poszukiwał takich, które byłyby optymalne dla przywrócenia prawidłowych czynności układu moczowego. Interesował się i leczył różnego rodzaju powikłania urologiczne operacji ginekologicznych. I często Mu się to udawało [20].

W 1996 roku wydał pod swoją redakcją przetłumaczone na język polski dzieło austriackich profesorów Günthera Reiffenstuhla, Wernera Platzera i Paula – Georga Knapsteina pt. *Operacje ginekologiczne metodą przezpochwową.*

W przedmowie zwraca uwagę, że: *Leczenie operacyjne (drogą pochwową) narządu płciowego kobiety oraz narządów sąsiednich zyskuje w Polsce coraz więcej zwolenników. Otwarcie jamy otrzewnej przezpochwowe jest mniej wstrząsorodne, daje znacznie mniej powikłań, stwarza operowanej większy komfort fizyczny i psychiczny. Powłoki brzuszne pozostają bez blizny pooperacyjnej, co przyczynia się do zachowania przez kobietę estetycznego wyglądu i często warunkuje wybór drogi operacyjnej (...) Oddając ten podręcznik w ręce polskiego czytelnika, wyrażam przekonanie, że znajdzie się on w bibliotece*

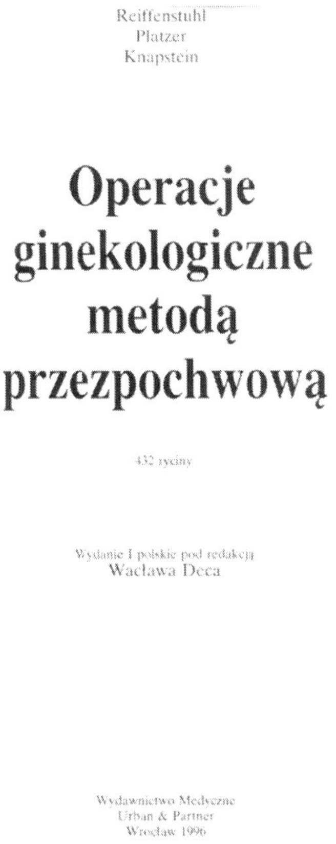

Reiffenstuhl
Platzer
Knapstein

Operacje ginekologiczne metodą przezpochwową

432 ryciny

Wydanie I polskie pod redakcją
Wacława Deca

Wydawnictwo Medyczne
Urban & Partner
Wrocław 1996

Fot. 25. Strona tytułowa atlasu.

każdego ginekologa zajmującego się leczeniem operacyjnym narządu płciowego kobiety [21].

Wydany pod redakcją prof. Wacława Deca atlas operacji przezpochwowych jest pierwszym w Polsce tego typu dziełem, którego wartość podnoszą doskonałe ilustracje uzupełniające szczegółowe opisy poszczególnych zabiegów operacyjnych. Profesor Wacław Dec szczególną uwagę zwrócił na rozdział dotyczący anatomii żeńskich narządów płciowych opracowany przez prof. W. Platzera, perfekcyjnie przetłumaczony przez prof. Kazimierza S. Jędrzejewskiego.

Działalność kliniczna i dydaktyczna

Od chwili objęcia stanowiska dyrektora Instytutu Ginekologii i Położnictwa Prof. Wacław Dec skupił wokół siebie zespół samodzielnych pracowników naukowych – profesorów, docentów, doktorów medycyny i młodych asystentów. Autorytet, jakim cieszył się wśród współpracowników, pozwolił mu z powodzeniem realizować zarówno plany naukowe, jak i kierować ciężką i odpowiedzialną działalnością leczniczą i dydaktyczną. Przede wszystkim zajmował się młodymi asystentami i dopingował ich do zdobywania stopni naukowych.

Fot. 26. Kilka pokoleń ginekologów – pracowników Instytutu Ginekologii i Położnictwa AM w Łodzi. Obok Prof. Wacława Deca siedzi pierwszy dyrektor Instytutu prof. dr hab. Józef Sieroszewski.

Fot. 27. Członkowie Rady Wydziału Akademii Medycznej w Łodzi i młodzi doktoranci. Przyjęcie po obronie pracy doktorskiej. Drugi od lewej prof. Andrzej Dąbrowski – dziekan Wydziału Lekarskiego, czwarty od lewej prof. Andrzej Malarewicz – promotor, szósty od lewej Prof. Wacław Dec – dyrektor Instytutu Ginekologii i Położnictwa, obok Prof. W. Deca dwaj doktoranci, pierwszy z prawej prof. Krzysztof Kula – członek Rady Wydziału (wrzesień 1994 r.).

Był otwarty na ludzi i lubił im pomagać. Dbał o rozwój zawodowy i naukowy lekarzy ginekologów nie tylko z regionu, ale również z całej Polski. Wielu ginekologom umożliwił doktoryzowanie się w Akademii Medycznej w Łodzi.

Był opiekunem naukowym lekarzy realizujących przewody habilitacyjne i używał, na forum Rady Wydziału, swego autorytetu w przeprowadzaniu postępowania w sprawie nadania doktorom habilitowanym tytułu profesora. Jestem jednym z beneficjentów takiej procedury. Po uroczystościach w Pałacu Prezydenckim Wacław nie posiadał się z radości. Był dumny, że w mojej osobie wypromował następnego profesora. Nigdy nie przypisywał sobie zasług, gdy pomagał innym, ale zawsze był dumny z tego, że mógł być pomocny w osiągnięciu przez „Jego ludzi" awansu naukowego.

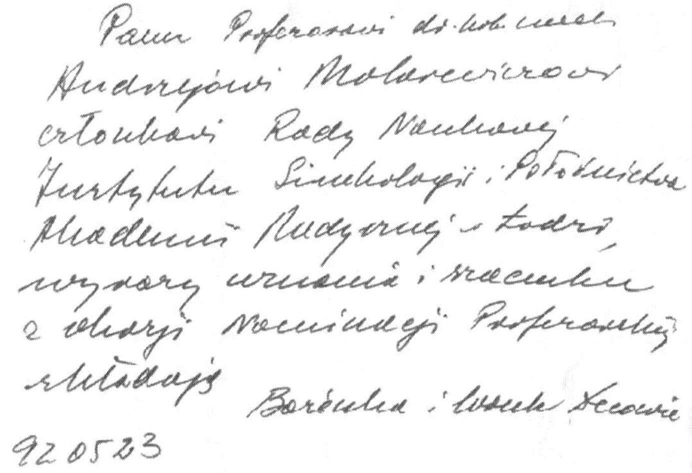
Panu Profesorowi dr hab. med.
Andrzejowi Malarewiczowi
członkowi Rady Naukowej
Instytutu Ginekologii i Położnictwa
Akademii Medycznej w Łodzi
wyrazy uznania i szacunku
z okazji nominacji Profesorskiej
składają Bożenka i Wacek Decowie
92 05 23

Fot. 28. Gratulacje przesłane mi przez Bożenę i Wacka Deców z okazji nominacji profesorskiej (1992 r.).

Ogromną przyjemność i satysfakcję sprawiły mi przesłane przez Państwo Profesorostwo Bożenę i Wacława Deców gratulacje z okazji nominacji profesorskiej.

W niespełna miesiąc po mojej nominacji gościłem Wacława w Kielcach. Zorganizowaliśmy krótkie spotkanie naukowe, po którym, w towarzystwie moich asystentów i bliskich kolegów, w restauracji prowadzonej przez bliską mi osobę, bankietowaliśmy do białego rana.

Profesor Wacław Dec był człowiekiem. Po prostu był **Człowiekiem**! Otwartym na ludzi i im życzliwym. Nie lekceważył nikogo. Uwielbiany przez studentów i młodych asystentów. Był dla nich zawsze dostępny.

Nie wywyższał się. Traktował wszystkich jak sobie równych. Doskonały lekarz. Uwielbiały Go pacjentki. Był wrażliwy na ludzkie nieszczęścia i pomagał wszystkim bez względu na pochodzenie i majątek. Czuły na problemy innych, starał się zawsze zrozumieć nawet tych, którzy według Niego nie mieli racji.

Fot. 29. Przed wejściem na salę bankietową – od lewej autor, Prof. Wacław Dec, dr n. med. Jadwiga Szymkiewicz-Malarewicz.

Fot. 30. Profesor Wacław Dec wśród przyjaciół w trakcie przyjęcia z okazji mojej nominacji profesorskiej. Kielce, maj 1992 r.

Fot. 31. Profesor Wacław Dec wznosi toast „za pomyślność, przyjaźń i oczywiście zdrowie Pań".

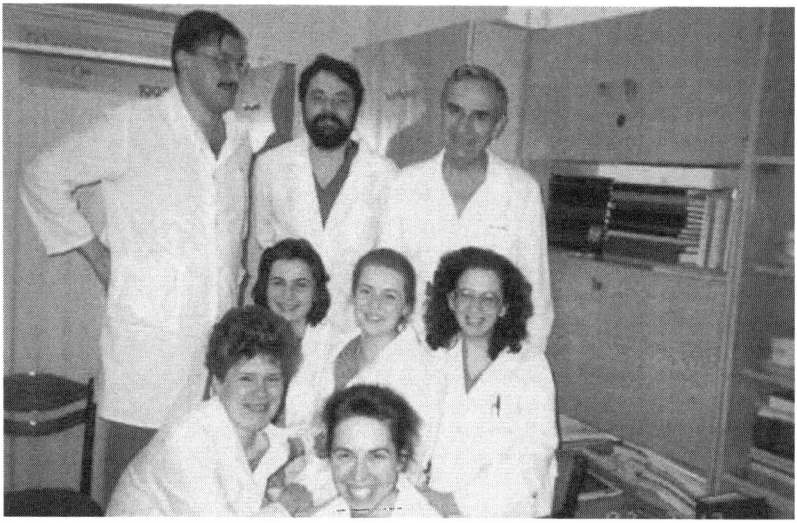

Fot. 32. Profesor Wacław Dec w swoim gabinecie w otoczeniu studentów.

Profesor Wacław Dec, mimo swojej wielkości, był człowiekiem niezwykle skromnym. Zawsze wielkie zaskoczenie interesantów wywoływał wygląd profesorskiego gabinetu. Było to małe pomieszczenie, w którym ledwo mieściło się proste biurko, dwa fotele, niewielki stolik okolicznościowy, półkoszafa z książkami i stojący za drzwiami parawan zasłaniający fotel ginekologiczny.

Przyjmował tu interesantów, czasami pacjentki, ale sam rzadko tam przebywał. Mawiał, że do pracy w Klinice niepotrzebny jest Mu gabinet. Jego miejsce jest przy łóżkach pacjentek, w sali operacyjnej, w bloku porodowym czy w sali wykładowej. Z tego powodu sekretarka Profesora, pani Grażyna Jóźwikowicz, często narzekała, że praca z Nim jest szalenie trudna, ponieważ chciał zawsze wszystkim pomóc i ze wszystkimi rozmawiać, a Ona musiała te rozmowy tak organizować, żeby nikt nie poczuł się pominięty, lekceważony i nie daj Boże nieprzyjęty.

„Express Ilustrowany” z 16 maja 1997 roku podkreśla powyższe cechy Profesora: *Był postacią wyjątkową, człowiekiem powszechnie*

Fot. 33. Profesor Wacław Dec w swoim gabinecie.

szanowanym i lubianym. W środowisku medycznym miał opinię wybitnego specjalisty w dziedzinie ginekologii i położnictwa... Tysiące pacjentek, które zawdzięczają Mu zdrowie i życie, zapamiętają Go jednak przede wszystkim jako wspaniałego człowieka, niespotykanej dobroci i szlachetności. Profesor jak nikt inny potrafił uszanować godność chorych. Nigdy nie traktował ich z wyższością, protekcjonalnie, nie były dla Niego tylko przypadkami, ale ludźmi posiadającymi uczucia i zasługującymi na szacunek.

Zawsze, gdy Profesor zjawiał się w klinice natychmiast obstępowały Go tłumy – lekarzy, studentów, pacjentek. Chore kobiety przyjeżdżały do Łodzi z całej Polski. Czasem telefonowały do domu Profesora zakłócając Jego prywatność, ale On nigdy nie miał im tego za złe, rozumiał ich desperację w obliczu choroby.

W niezwykły, właściwy sobie sposób nawiązywał bliski kontakt z pacjentkami. Z niecierpliwością czekały na codzienny obchód, bo Profesor nikogo nie mijał obojętnie. Brał chore za rękę, głaskał po policzku, cierpliwie wysłuchiwał zwierzeń. Często zjawiał się w szpitalu w soboty i niedziele, aby sprawdzić, jak czują się jego podopieczne

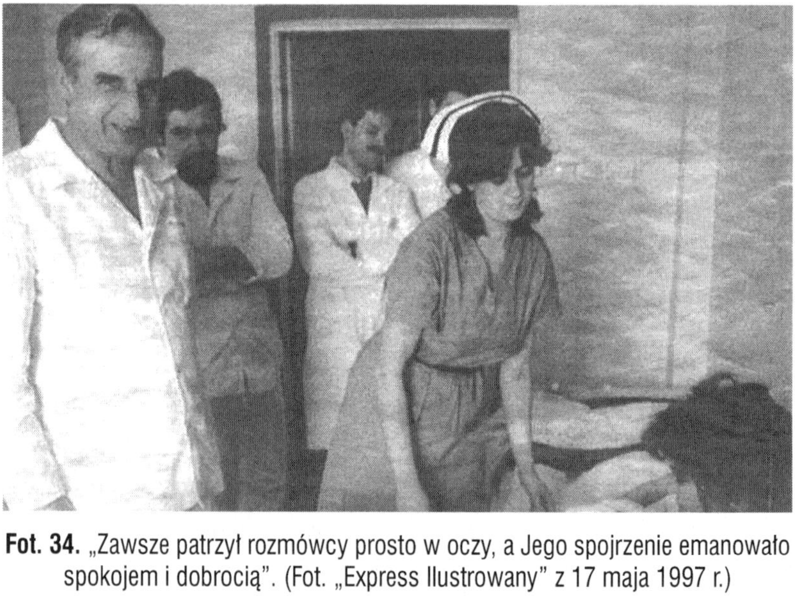

Fot. 34. „Zawsze patrzył rozmówcy prosto w oczy, a Jego spojrzenie emanowało spokojem i dobrocią". (Fot. „Express Ilustrowany" z 17 maja 1997 r.)

po operacjach i zabiegach. Zawsze patrzył prosto w oczy rozmówcy, a Jego spojrzenie emanowało spokojem i dobrocią. Był zdania, że chorym należy mówić prawdę i robił to, ale z wyjątkowym wyczuciem i taktem.

Mimo renomy jaką cieszył się jako ginekolog i położnik, często powtarzał, że jego wiedza medyczna wciąż nie jest wystarczająca, że lekarze wciąż muszą się uczyć, bo ciągle jeszcze wiedzą za mało.

Uczciwość Profesora nie pozwoliła mu milczeć, gdy pytano Go o sprawy kontrowersyjne, przez innych pomijane milczeniem. Miał odwagę wypowiadać swoje zdanie, ponieważ jako lekarz dobrze znał cierpienie kobiet, ich kłopoty i życiowe dramaty. Sam siebie mianował „Ambasadorem Wszystkich Kobiet" i był to tytuł w pełni zasłużony [22].

W tym miejscu oddaję głos córce Profesora, dr n. med. Grażynie Dec, która w pierwszą rocznicę śmierci Ojca udzieliła wywiadu periodykowi „Scheringówka": *Gdy Ojciec dowiedział się, że nazywają Go „ambasadorem wszystkich kobiet", był bardzo zaskoczony, ale i podbudowany. Bo przecież całe swoje życie zawodowe poświęcił sprawom kobiet. Leczył je i uczył dbać o zdrowie. Ojciec był bardzo otwartym człowiekiem. Może dlatego kobiety często zwierzały mu się ze swoich problemów. Szanował wszystkie pacjentki. Świadczą o tym liczne głosy kobiet.*

Dawał niezwykłe poczucie bezpieczeństwa i komfortu psychicznego. Czy pacjentka ładna, czy brzydka, młoda czy stara, brał ją pod rękę i prowadził na badanie.

Ojciec do wszystkich pacjentek zwracał się z niezwykłą uprzejmością: „zapraszam Panią", „służę Pani". To niby drobiazgi, ale jak ważne dla kobiety, która przychodzi do lekarza po pomoc, zwłaszcza dla kobiety ciężko chorej... W czasie obchodu ujmował dłoń pacjentki, badając puls. Jestem przekonana, że ocena akcji serca była mniej istotna niż bezpośredni kontakt, którego tak często brakuje pomiędzy lekarzem a pacjentem [23].

Aleksandra Fandrejewska wspomina: *Mawiał: „Mam psychiczną potrzebę walki o prawa kobiet do decydowania o własnym losie.*

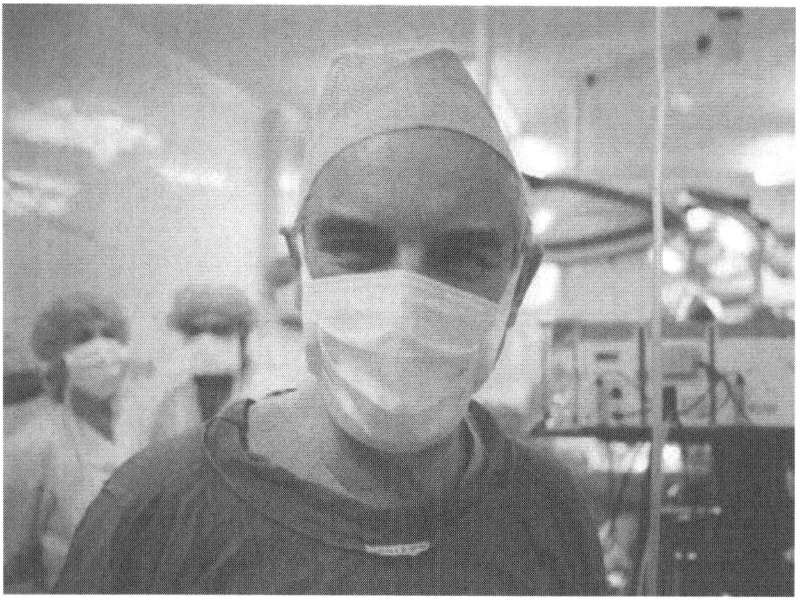

Fot. 35. Profesor Wacław Dec był doskonałym operatorem.

Jako ich lekarz wiem o największych dramatach: przemocy w rodzinie, gwałtach małżeńskich, patologii alkoholowej, poniżeniu i ubóstwie. Kobieta musi mieć prawo wyboru, czy chce być w ciąży i z kim"– powtarzał w wywiadach.

Profesor był niestrudzonym propagatorem świadomego macierzyństwa i ojcostwa (!), szerzenia idei krwiodawstwa. W ostatnich miesiącach koncentrował się na walce z rakiem gruczołu piersiowego. Chciał i dążył do tego (jako konsultant regionalny w dziedzinie położnictwa i ginekologii), by każdy ginekolog, badając, nie zapominał o piersiach. Uczył kobiety nawyku samokontroli piersi.

Był doskonałym operatorem (lekarzem wykonującym operacje), praktykiem (...)

Był lekarzem o wielkiej kulturze osobistej. Zawsze miał czas dla pacjentek. Gdy wchodził na salę operacyjną, mówił do pacjentki „nazywam się Wacław Dec, jestem lekarzem, mam przyjemność panią operować" – przypomina Grzegorz Krzyżanowski, ordynator, urolog

Fot. 36. „Jestem, widzicie, profesorem i dlatego mnie posłuchacie!”.

ze szpitala w Pabianicach. – Nie zdarzyło się, by Wacek odmówił przyjazdu, pomocy w operowaniu. To rzadkie dla specjalistów, najczęściej ordynują: tak proszę przywieźć pacjenta do mnie... Był pogodny, umiał zjednać sobie ludzi – Lubię kierować ludźmi. Może dlatego, że jestem próżny. Trochę przekornie zmuszał do wysłuchania swego stanowiska – „Jestem, widzicie, profesorem i dlatego mnie posłuchacie"– mawiał albo przepraszał, że nie jest przygotowany...

Zachłanny na pracę – tak Go oceniali. Był erudytą. W Instytucie cieszył się niekwestionowanym autorytetem. Dbał o asystentów, namawiał ich do specjalizowania się, do publikowania prac naukowych. – Zapisywał w kalendarzu (ściennym – w pokoju lekarzy lub w sekretariacie), kiedy mija czas, do którego mieli napisać poszczególne części czy całą pracę doktorską. Był promotorem 23 doktoratów. Napisał (samodzielnie lub wspólnie z innymi autorami) ponad 150 publikacji naukowych.

W kraju Instytut nazywano „Szpitalem Deca". Był ginekologiem chirurgiem. Choć lekarze nie lubią opowiadać żargonem medycznym,

Fot. 37. Pracownicy „Szpitala Deca" w Łodzi.

są zgodni, że ładnie operował. Ładnie dla pacjentek, ładnie dla całego zespołu operacyjnego… [24].

Profesor Wacław Dec był doskonałym chirurgiem ginekologiem. Dokonywał operacji w pełnym zakresie koniecznym do leczenia chorych kobiet. Dogłębnie poznał podstawy anatomiczno-topograficzne wykonywanych zabiegów zawarte m.in. w takich dziełach, jak *Operacje ginekologiczne i ich podstawy anatomiczno-topograficzne* Heinricha Martiusa czy w wielotomowym *Atlasie zabiegów chirurgicznych* Januarego Zubrzyckiego. Uczył się u swoich mistrzów wykonywania zabiegów operacyjnych i w pełni korzystał z ich doświadczeń. Ucząc z kolei swoich asystentów, starał się przyswoić im nie tylko własne poglądy na możliwość posługiwania się rozmaitymi rodzajami zabiegów, lecz dawał im także możliwość wykazania własnej inicjatywy.

Ogromną zaletą Profesora Wacława Deca jako chirurga była sztuka łączenia perfekcyjnej techniki wykonywania zabiegów operacyjnych z umiejętnością stawiania precyzyjnych wskazań do poszczególnych rodzajów operacji. Kierował się tu przede wszystkim zdobytym doświadczeniem oraz ogromną intuicją, która rzadko Go zawodziła.

Wykonywał zabiegi zarówno od strony pochwy bez otwarcia i z otwarciem jamy brzusznej, jak i tylko od strony jamy brzusznej. Leczył w ten sposób różnego rodzaju przemieszczenia narządu rodnego kobiety, zaburzenia rozwojowe i uszkodzenia zabiegowe oraz przetoki moczowe, niektóre sprawy zapalne i przede wszystkim nowotwory żeńskich narządów płciowych.

Przyczynił się również do rozpowszechnienia w Polsce operacyjnej techniki laparoskopowej. Propagując operacje laparoskopowe, starał się z całym naciskiem wpoić ginekologom rozsądek w posługiwaniu się tą techniką. Zawsze podkreślał, że podstawą operowania w laparoskopie jest właściwe zrozumienie i dobre opanowanie najpierw diagnostycznej techniki laparoskopowej, a następnie doskonała znajomość tradycyjnych brzusznych i pochwowych technik operacyjnych. Przystępowanie do operacji laparoskopowych bez tych umiejętności uważał za nieporozumienie i nieodpowiedzialność.

Pod koniec 1993 roku w „Wiadomościach" telewizyjnych pokazano Profesora, gdy mówił: *Oficjalnie przerywanie ciąży nie istnieje. Ale jeśli przychodzi do nas kobieta, która ma już pięcioro dzieci, mąż jest alkoholikiem i szóste dziecko w drodze, to usuwamy ciążę, wpisując do karty inny tytuł, na przykład poronienie.* Widzowie nie usłyszeli kolejnego zdania, bo go nie wyemitowano: *taka sytuacja jest głęboko niemoralna, gdyż stawia lekarza w konflikcie z prawem i sumieniem.*

Wówczas szef samorządu lekarskiego profesor Chruściel oskarżył Go o to, iż nielegalnie dokonuje aborcji i w telewizji instruuje lekarzy.

Nigdy nie wykonywałem i nie propagowałem przerywania ciąży, ponieważ uważam, że jest to niegodne lekarza. Intencją mojej wypowiedzi było ujawnienie podziemia aborcyjnego – tłumaczył potem w mediach. Formuły „my" użył Profesor, identyfikując się z innymi lekarzami. – *Gdyby pozbawiono mnie prawa wykonywania zawodu, musiałbym jakoś żyć. Ale ja takiej myśli do siebie nie dopuszczam.* Tłumaczył, że: *wprowadzenie ustawy aborcyjnej bez powszechnej edukacji seksualnej nie jest dobrym posunięciem. Kobiety nie mają pieniędzy na zakup środków antykoncepcyjnych. Jedno opakowanie nowoczesnego środka antykoncepcyjnego kosztuje tyle co 8–10 bochenków chleba. To oczywiste, że kobieta, która ma pięcioro dzieci, woli kupić chleb. Nie ma żadnej edukacji na temat planowania rodzicielstwa* – mówił. – *Są lekarze, którzy zajmują się wyłącznie zabijaniem ludzkich noworodków, ale dla większości ginekologów najważniejszym zadaniem jest dbanie o zdrowie i bezpieczeństwo polskich kobiet. Mnie zaliczono do tej mniejszości rzucającej na nasz zawód złe światło.*

Sprawa Deca ucichła, samorząd lekarski wycofał się z zarzutów. Wacław Dec powiedział w wywiadzie na początku 1994 roku: *Matka jest symbolem miłości i dobroci. Matka Boża jest symbolem boskości, a my mężczyźni, Polacy, sprowadzamy kobietę na drugi plan (...) Jestem przeciwny prawu, które jest kryminogenne.*

Po wystąpieniu telewizyjnym, w którym przedstawiał problemy antykoncepcji i ustosunkowywał się do aktualnie obowiązującego w Polsce prawa antyaborcyjnego, otrzymał od Zygmunta Broniarka

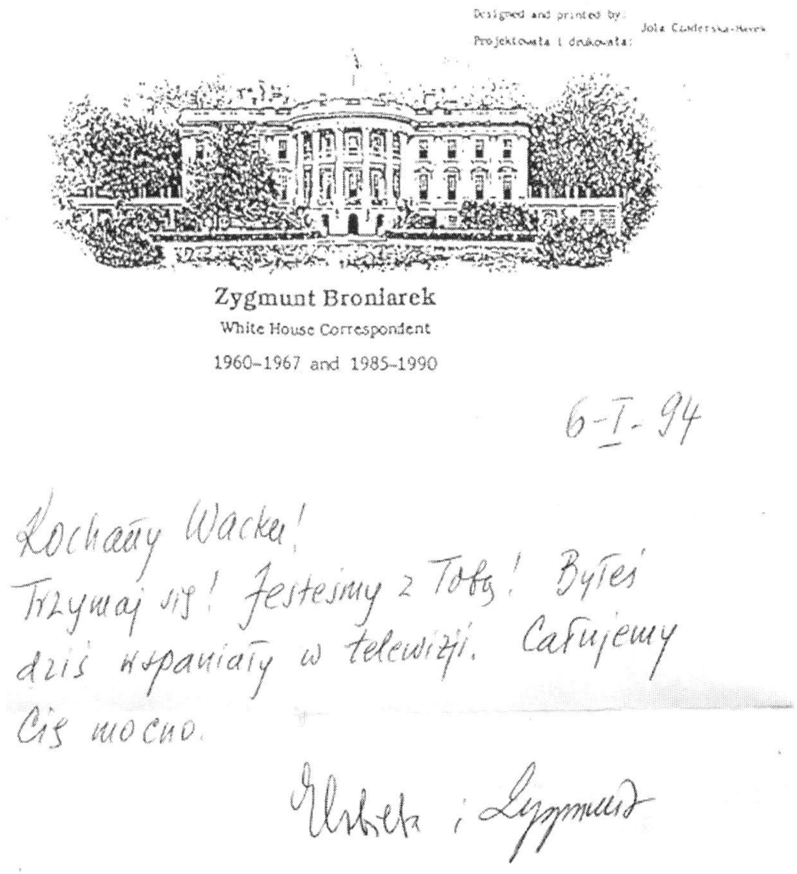
Zygmunt Broniarek
White House Correspondent
1960–1967 and 1985–1990

6-I-94

Kochany Wacku!
Trzymaj się! Jesteśmy z Tobą! Byłeś
dziś wspaniały w telewizji. Całujemy
Cię mocno.

Urbek i Zygmunt

Fot. 38. Gratulacje przysłane Profesorowi Wacławowi Decowi przez red. Zygmunta Broniarka po jednym z wystąpień telewizyjnych.

poniższą notatkę: *Kochany Wacku! Trzymaj się. Jesteśmy z Tobą! Byłeś dziś wspaniały w telewizji! Całujemy Cię mocno! Urbek i Zygmunt.*

Bronił pracy lekarzy: *Nie powinno tak być, aby poważna operacja, którą przeprowadza chirurg, finansowo nie równała się nawet sumie, jaką otrzymuje mechanik za wymianę filtra na stacji obsługi samochodowej...*

Profesor Wacław Dec, jako ekspert Komisji Nadzwyczajnej tworzącej nowe ustawodawstwo antyaborcyjne, aktywnie włączył się w obronę prawa kobiet do świadomego macierzyństwa. Miał odwagę krytykować ustawę antyaborcyjną, która Jego zdaniem była zbyt restrykcyjna i przyczyniała się do wielu nieszczęść kobiet. Bronił prawa kobiet do przerywania ciąży w sytuacjach, gdy płód jest obciążony ciężką i nieuleczalną chorobą. Uważał, że skoro obowiązkiem lekarza jest pomaganie wszystkim ludziom, to ta pomoc należy się również kobietom noszącym ciężko chory, niezdolny do życia płód.

Był zdania, że zanim uchwali się restrykcyjną ustawę antyaborcyjną, należy najpierw wprowadzić tanią i bezpieczną antykoncepcję, którą zapewnić może jedynie odpowiednia edukacja. Nie ustawa, lecz tylko właściwa edukacja społeczeństwa może zmniejszyć liczbę aborcji.

Nie raz, gdy zabierał głos w sprawie antykoncepcji i aborcji, wytupywali Go „obrońcy życia poczętego". Nie obrażał się, a starał się w sposób rzeczowy przedstawić swoje argumenty.

Hanna Jaśkiewicz pamięta jak: *Profesor rozdawał przychodniom „K" otrzymane w darze z zagranicy środki antykoncepcyjne. Miały zostać zniszczone. Nie zgodził się na to. Chciał, by pacjentki miały szansę z nich skorzystać, jeśli zechcą. Nie uląkł się gromów, które posypały się nań z kościelnych ambon* [25].

Pamiętam, że gromy posypały się nie tylko z ambon. Również niektórzy współpracownicy i koledzy Profesora mieli o to do Niego pretensję. Na przykład w ten sposób stracił jednego z sobie bliskich kolegów, też profesora, który z zapamiętaniem przysłane z zagranicy tabletki antykoncepcyjne spalił demonstracyjnie na dziedzińcu Uniwersytetu Warszawskiego i potem wielokrotnie na różnych forach piętnował proantykoncepcyjne postępowanie Profesora Deca.

W związku z poglądami Profesora na temat aborcji wrogowie nie przebierali w środkach, rzucając pod jego adresem obelgi i inwektywy. W nr. 35 „Gazety Wyborczej" z dnia 11.02.1992 roku opublikowany został na przykład list dr. filozofii Jana Kłysa, w którym autor posunął się m.in. do porównania Profesora do jednego z największych zbrodniarzy naszej epoki, hitlerowskiego oprawcy doktora Mengele.

W związku z tym Kolegium Rektorskie Akademii Medycznej w Łodzi wydało oświadczenie, że: *w pełni solidaryzuje się z oburzeniem środowiska lekarskiego i społeczności akademickiej Uczelni w związku z listem dr. filozofii p. Jana Kłysa ... Autor listu naruszając dobre imię i dobro osobiste szanowanego w środowisku lekarza i nauczyciela młodzieży przedstawił jednocześnie w naszej opinii dowód, jak dalece wynaturzone skojarzenia rodzić może fanatyczna nietolerancja i krańcowa nieodpowiedzialność. Akademia Medyczna w Łodzi zastrzega sobie ewentualność wykorzystania prawnej ochrony swoich pracowników w podobnych przypadkach* [26].

Profesora Wacława Deca bronili lekarze, nowy prezes Naczelnej Izby Lekarskiej dr Krzysztof Madej, studenci, Liga Kobiet, Rzecznik Odpowiedzialności Zawodowej Okręgowej Izby Lekarskiej.

Wniosek o postępowanie karne przeciwko Profesorowi złożyła do prokuratury Federacja Ruchów Obrony Życia. Prokuratura śledztwa nie podjęła.

W jednym z ostatnich wywiadów udzielonych „Dziennikowi Łódzkiemu" prof. Wacław Dec powiedział: *Od czasu kiedy jako młody lekarz ginekolog zaczynałem swoją drogę zawodową, minęło 30 lat. Na moich rękach rodziły się tysiące dzieci, które teraz już dorosły i rodzą swoje dzieci. To niesamowite uczucie patrzeć jak dojrzewają i zakładają rodziny. Moje pacjentki, które kiedyś były młodymi matkami, stały się babciami i prababciami. Kocham te kobiety i nie mógłbym ich zostawić* [27].

Bezpośredniość Profesora Deca była przysłowiowa. Był mistrzem w gaszeniu konfliktów między współpracownikami i kolegami. Nie raz byłem świadkiem sytuacji „mrożących krew w żyłach", gdy ludzie skakali sobie do oczu, czasami wyzywali się i wystarczyło jedno słowo, jedno trafne zdanie, zwykle żartobliwie rzucone przez Profesora, aby napięta atmosfera rozładowała się i uspokojeni adwersarze zaczęli znowu mówić ludzkim głosem.

Nie znosił niewiedzy, a zwłaszcza tej graniczącej z głupotą. Wygadującym niedorzeczności potrafił, na każdym forum, dopiec do żywego, nie bawiąc się w konwenanse. Na przykład kiedyś, oglądając i przysłuchując się telekonferencji z Bogumiłą Bobą, lekarzem, posłanką ugrupowania narodowo-chrześcijańskiego, na temat antykoncepcji (cyt. za Wojciechem Tochmanem, „Gazeta Wyborcza" z dnia 24.03.1993 roku), gdy usłyszał z ust posłanki, że „antykoncepcyjna pigułka hormonalna może wywoływać niepłodność, oziębłość i szkodzi na wątrobę i że zna kobietę, która po jednomiesięcznym stosowaniu pigułki roztyła się, zostawił ją mąż i nie wie, co później się z nią stało", nie wytrzymał i skomentował to tak: *O ile pani poseł stosuje pigułkę hormonalną, jestem w stanie uwierzyć w szkodliwość tej tabletki. Bowiem zachowuje się Pani bardzo po męsku* [28].

Hanna Jaśkiewicz wspomina [25]: *Miałam szczęście znać Profesora. Szczęście, bo rzadko zdarza się spotkać Człowieka, który nigdy, bez względu na konsekwencje, nie bał się mówić tego, co myśli i robić tego, co uważa za słuszne.*

(...) Pamiętam tę naszą służbową rozmowę o ustawie antyaborcyjnej. Wtedy, w 1993 roku, był jedynym ginekologiem, który nie obawiał się ujawnienia swoich poglądów na łamach gazety. A nie była to wypowiedź układna, grzeczna i wymijająca. Wręcz przeciwnie.

Nie jestem – powiedział – zwolennikiem aborcji, ale nie mogę pogodzić się z tym, że kobiety traktuje się jak przedmiot, pozbawia prawa do decydowania o swoim macierzyństwie i straszy karą więzienia. Bo to one przez dziewięć miesięcy noszą pod sercem nowe życie, one rodzą w boleściach i one wychowują. My, mężczyźni, możemy starać się im w tym nieudolnie pomagać. Jestem przekonany, że dla każdej kobiety decyzja o przerwaniu ciąży jest osobistym dramatem. Ale czyż nie większym dramatem jest to, że skazane na urodzenie dziecko, którego nie są w stanie wychować, same unicestwiają? Ja pamiętam ze swojej praktyki lekarskiej te kobiety umierające na skutek zabiegów wykonywanych przez „babki" lub „domowym sposobem". Przeraża mnie perspektywa powrotu do tych praktyk. Nie tak dawno zgłosiła się

Fot. 39. „Nie bał się mówić tego, co myśli i robić tego, co uważa za słuszne".

Fot. 40. „Bo ja kocham wszystkie kobiety…”.

do naszego szpitala młoda dziewczyna z krwotokiem. Twierdziła, że to się stało nagle, nie wie dlaczego. Zbadałem ją. Była po porodzie! Gdy zapytałem gdzie dziecko rozpłakała się i wyznała, że urodziła w bramie i zostawiła. Bo jest ze wsi i rodzice ją z domu wyrzucą...

Kiedy zdumiona odwagą Profesora skomentowałam tę wypowiedź, że rzadko się zdarza, by mężczyzna tak gorliwie bronił praw kobiet, odpowiedział mi z uśmiechem: „Bo ja kocham wszystkie kobiety. Za to, że z takim oddaniem, miłością, czułością i cierpliwością zawsze trwają przy swoim dziecku. Bez względu na to, czy ma ono lat kilka, czy kilkadziesiąt. Podziwiam je za to, że natychmiast po porodzie zapominają o bólu i wysiłku i z anielskim uśmiechem tulą do serca swoje maleństwo. To dla mnie prawdziwy cud natury".

Profesor Wacław Dec wśród otaczających współpracowników i kolegów miał wielu przyjaciół, ale i wiele osób Mu nieżyczliwych. Zwraca na to uwagę prof. Tomasz Pertyński, pisząc m.in.: *Szanowałem Go bardzo uważając za rozsądnego i taktownego Człowieka Dużej Klasy, który na co dzień niestety nie zawsze spotykał się z właściwą postawą swoich współpracowników. Był taki współpracownik co pisał do tzw. „Władz" donosy, co na pewno powodowało poważne dla Niego problemy* [29].

Fot. 41. Na wykłady przychodził często w muszce.

Na wykłady przychodził zawsze elegancko ubrany. Często w muszce.

Nierzadko rozmawiał ze studentami. Wykładając położnictwo, przekonywał studentów do porodów ro-

Fot. 42. Profesor Wacław Dec wśród młodzieży akademickiej.

dzinnych. Podkreślał konieczność piastowania szacunku między partnerami. Zwracał uwagę na właściwą postawę mężów wobec narodzin dziecka. Przekonany do świadomego macierzyństwa udowadniał znaczenie antykoncepcji w kształtowaniu odpowiedniego podejścia do prokreacji.

Mówił: *Na spotkaniu po raz pierwszy ze studentami piątego roku medycyny zawsze im przekazuję informację – nie będzie wykładu z podręcznika. Podręczniki są pięknie napisane, zwarcie, dobrze je się czyta i tam uczcie się państwo ginekologii i położnictwa. Ja wam powiem coś, czego nie ma w podręcznikach, a co już się na świecie robi i jakie są nowości w mojej specjalności.*

Bardzo dużo czasu poświęcam na omawianie relacji pacjent – lekarz. Sytuacji, która jest dla nich niezwykle trudna. W dobie technizacji całego Świata, również i medycyny, istnieje tendencja aby między pacjentem a lekarzem umieścić aparat, drogi aparat. Zwalczam to kategorycznie. Nie może być między pacjentem a lekarzem nic poza dotykiem dłoni lekarza, poza zwykłą rozmową ludzką. Aparat oddala lekarza od pacjenta. Z dala gorzej się widzi. Nic się nie czuje.

Lekarz nie może także przejść obojętnie nad cierpieniem ludzkim. Cierpienie jest zawsze odbierane z wielką przykrością nie tylko przez pacjenta ale i przez lekarza, przez personel służby zdrowia. W chwili obecnej staramy się zmniejszyć natężenie bólu. Tworzymy specjalne hospicja dla ciężko chorych, żeby mogli normalnie, godnie umierać, żeby można było im znieść ból. Uważam, że lekarz, który staje się odporny na ból, gdy staje się mu to takie codzienne, obojętne, powinien natychmiast zmienić zawód. W tej chwili jest bardzo dużo możliwości – stragany, objazdowe handle i inne jeszcze rzeczy są doskonałe (...)

Jestem bardzo szczęśliwy, że jestem lekarzem. Gdybym zaczynał życie od nowa byłbym lekarzem i to lekarzem położnikiem. Jest to piękny zawód. Jest to asystowanie przy cudzie narodzin (...)

Czy mam porażki? Sądzę, że każdy ktokolwiek z lekarzy coś robi, a szczególnie lekarze zabiegowi muszą mieć, chociaż chcą najlepiej, swoje porażki. Wykonuję swój zawód z radością, z całym oddaniem, z zaangażowaniem, ale muszę przyznać z bólem, z żalem, że też mam swój cmentarzyk, na którym leżą pacjentki, którym pomóc nie mogłem

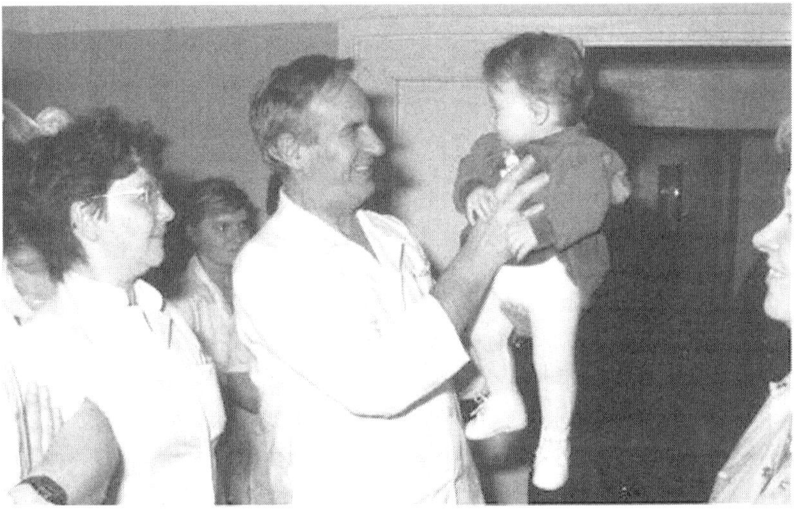

Fot. 43. „Jestem bardzo szczęśliwy, że jestem lekarzem". Prof. Wacław Dec z jednym z urodzonych w Klinice pięcioraczków. Na pierwszym planie od lewej doc. Urszula Kowalska-Koprek.

Fot. 44. „Czy nie doskwiera mi popularność?"

bo nie umiałem, bo nie wiedziałem, jak im pomóc zanim osiągnąłem jakieś tam wyraźne kwalifikacje zawodowe (...)

Czy nie doskwiera mi popularność? Jeśli dzięki mojej popularności będę mógł chociaż trochę ulżyć chorym to niech będzie ta popularność. Popularność zawsze trochę doskwiera. Chociażby wywiady dla dziennikarzy, czy jakieś audycje odrywające od pracy. Czegoś muszę zaniechać, żeby to robić [2].

Hanna Jaśkiewicz zwraca uwagę na to, że: *Profesor znajdował czas na działalność społeczną, na aktywne uczestnictwo w programie „Łódź – zdrowe miasto". Z pasją i wielkim zaangażowaniem starał się promować zdrowie. Przy każdej okazji namawiał kobiety, by poddawały się badaniom profilaktycznym – cytologicznym, mammograficznym. Tłumaczył, że łatwiej wyleczyć chorobę, gdy zostanie ona wcześnie wykryta. Uspokajał, że nie trzeba się bać raka, że nowotwór dziś nie oznacza wyroku śmierci. On nie apelował, nie wzywał kobiet na badania. On je po prostu prosił, by zgłaszały się do lekarza i żądały zbada-*

nia. Tak, jak prosi się kogoś bliskiego, troszcząc się i martwiąc o jego zdrowie… [25].

Dr Grażyna, córka Profesora, podkreśla: *Ojciec przykładał ogromną wagę do nauczania. Operując, prowadził równocześnie wykład, tłumaczył technikę operacyjną, dlaczego to robi, a jednocześnie sprawnie dalej operował.*

Organizował kursy ginekologii operacyjnej dla ordynatorów oddziałów. Przyjeżdżali do Niego, żeby zobaczyć jak pracuje, rozszerzyć swoje umiejętności, nauczyć się nowych technik operacyjnych. Odchodząc od każdej operacji, był po prostu szczęśliwy. Sprawiał wrażenie, jakby się cieszył, że wyrwał chorobie kolejną ofiarę [23].

Profesor W. Dec organizował też, i to z dużym zaangażowaniem, szkolenia z zakresu cytodiagnostyki raka szyjki macicy. Doskonale rozumiał zasady profilaktyki raka szyjki i był całkowicie przekonany co do wartości wykonywanych badań cytologicznych.

Pamiętam, jak cieszył się, gdy któregoś razu wręczyłem Mu pierwszą moją książkę dotyczącą cytologii szyjki macicy. W tym dniu odbywał się akurat w Klinice podstawowy kurs cytologiczny dla ginekologów z całej Polski. Chwycił mnie za rękę i szybkim krokiem poprowadził na IV piętro do sali seminaryjnej, w której odbywał się kurs. Rozpromieniony zaanonsował mnie siedzącym przy mikroskopach kursantom jako tego, który napisał podręcznik cytologii, z którego akurat korzystali. Koledzy, pamiętajcie – powiedział – jest to podręcznik napisany przez mojego przyjaciela. Musicie więc przyswoić jak najwięcej zawartych tam wiadomości i traktujcie te wiadomości tak, jakbym to ja sam je wam przekazywał.

To był cały Wacław. Przyjazny i cieszący się z dokonań przyjaciół i współpracowników. Między innymi za to Go uwielbiano i ceniono.

Zawsze był otoczony przez przyjaciół okazujących mu ogromny szacunek.

Dla rodziny był dopiero wieczorem, po ósmej. Siadaliśmy do wspólnej kolacji i… zaczynały się telefony. Często nie zdążył wrócić do stołu, gdyż rozlegał się kolejny dzwonek telefonu. Chcieliśmy zapewnić Mu odrobinę prywatności, ale nam nie pozwalał. Mówił, że za każdym

Fot. 45. Profesor Wacław Dec i współpracownicy – „Zdrowie Amfitriona !".

Fot. 46. Profesor Wacław Dec w otoczeniu przyjaciół.

dzwonkiem kryje się ludzkie cierpienie i niepokój, a lekarz nie może od tego uciekać... [23].

Profesor Tomasz Pertyński w krótkim wspomnieniu o Profesorze Wacławie Decu, w piśmie skierowanym do mnie, tak charakteryzuje sylwetkę Profesora: *Drogi Andrzeju! Czuję się zaszczycony zaliczeniem mnie do tych, którzy byli uczestnikami sytuacji w życiu zawodowym i prywatnym prof. Wacława Deca. Jak Ci wiadomo nigdy nie byłem współpracownikiem Wacka i moje kontakty z Nim były raczej epizodyczne.*

Szanowałem Go bardzo uważając za rozsądnego i taktownego Człowieka Dużej Klasy (...) Jak Ci wiadomo swoje wystąpienia zaczynał zawsze od sławnego „Nazywam się Wacław Dec". Budziło to zawsze uśmiechy, bo przecież był wszystkim dobrze znany. Odbyłem z Nim wiele rozmów – czasami wzmocnionych substancjami uznanymi za szkodliwe – ale wtedy rozmowy były szczere i otwarte.

Był współpracownikiem mego Ojca o czym zawsze pamiętał i mówił o Nim z szacunkiem. Także Ojciec wystawiał Mu zawsze dobrą opinię w rozmowach ze mną.

Był bardzo dobrym operatorem i człowiekiem życzliwym ludziom – naturalnie pacjentkom, ale także ludziom postronnym. Cenił swoich współpracowników, odnajdując im zawsze właściwą drogę rozwoju zawodowego.

W czasie trwających dość długo prób połączenia CZMP i Instytutu Ginekologii i Położnictwa dyskutował na ten temat spokojnie i rozważał zawsze za i przeciw nie dążąc do rozwiązań siłowych. Rozmowy te – oficjalne i nieoficjalne – zbliżyły nas do siebie.

W tragicznych chwilach trudności z pochowaniem tego Znakomitego Lekarza i naprawdę interesującego Człowieka, spowodowane jednoznacznym prezentowaniem przez Niego swoich poglądów na wiele problemów medycznych i społecznych, pokazały jak trudno być uczciwym i posiadającym swoje własne, niezmienne stanowisko w problemach ludzkich – Człowiekiem.

Czułem się zaszczycony, że wolno było mi zabrać głos na pogrzebie Wacka potwierdzając publicznie zbliżone zapatrywania i poglądy, oddając Mu cześć i głęboki szacunek... [29].

Prof. Michał Jóźwik z Białegostoku, snując wspomnienia, pisze: *O Profesorze Wacławie Decu czasem rozmyślam, że zginął w wypadku, który nie musiał zaistnieć. Mówią koledzy z Łodzi, że spieszył się bardzo. Nie mam jego zdjęć, choć nasze spotkania zawsze łączyły się z bardzo serdecznym przywitaniem. W rozmowie Wacek był żartownisiem o dużym poczuciu humoru. Ponieważ pochodził z Suchowoli (środek Europy), to uważaliśmy, że jesteśmy krajanami.*

Kiedyś, jadąc z Białegostoku na moją działkę letniskową w Gawrych Rudzie (pod Suwałkami, nad jeziorem Wigry), wstąpiliśmy do jego domu w Suchowoli, gdzie poznałem niektórych członków rodziny i mamę w wieku 92 lat. Atmosfera była bardzo rodzinna, a wynikało z rozmowy, że często bywał – jak to się mówi – u mamy. Nie wiem, dlaczego nie mam żadnych zdjęć ze wspólnego pobytu w Gawrych Rudzie. Było kilka osób, więc małe zamieszanie. Z pobytu w Łodzi u Wacka też nie mam zdjęć. Był to okres, kiedy obaj byliśmy docentami, choć Wacław był starszy ode mnie wiekiem o dwa lata... Okazuje się, że miniony czas zatarł wiele szczegółów z naszych wspólnych przeżyć, dlatego moje wspomnienia o Wacku mało wniosą do opisu jego życia, choć wiem jedno: że potrafił się narażać (nawet będąc w wojsku) w obronie jakiejś sprawy czy człowieka, o ile uważał, że jest krzywdzony, nawet miał z tego powodu niekiedy jakieś komplikacje [30].

Odznaczenia, wyróżnienia, tytuły honorowe, nagrody i działalność społeczna

Władze państwowe i resortowe przyznały Profesorowi Wacławowi Decowi wiele odznaczeń państwowych, resortowych i nagród.

- – Srebrny Medal „Siły Zbrojne w Służbie Ojczyzny" – 1965 r.
- – Brązowy Medal za Zasługi dla Obronności Kraju – 1968 r.
- – Honorowa Odznaka Województwa Łódzkiego –1968 r.
- – Srebrny Krzyż Zasługi – 1971 r.
- – Złoty Medal „Siły Zbrojne w Służbie Ojczyzny" – 1975 r.
- – Odznaka Honorowa PCK drugiego stopnia – 1975 r.
- – Odznaka „Za Wzorową Pracę w Służbie Zdrowia" – 1975 r.
- – Złoty Krzyż Zasługi – 1976 r.
- – Medal Komisji Edukacji Narodowej – 1977 r.
- – Srebrne Odznaczenie im. Janka Krasickiego – 1979 r.
- – Srebrny Medal „Za Zasługi dla Obronności Kraju" – 1979 r.
- – Złoty Medal za Zasługi dla Obronności Kraju – 1980 r.
- – Odznaka Specjalna Ochotniczej Rezerwy Milicji Obywatelskiej – 1980 r.
- – Krzyż Kawalerski Orderu Odrodzenia Polski – 1981 r.
- – Brązowa Odznaka „W Służbie Narodu" – 1981 r.
- – Złota Odznaka Honorowa Towarzystwa Przyjaźni Polsko-Radzieckiej – 1981 r.
- – Brązowa Odznaka „W Służbie Narodu" po raz drugi – 1982 r.
- – Honorowa Odznaka Miasta Łodzi – 1983 r.

– Srebrna Odznaka „W Służbie Narodu" – 1983 r.
– Złota Odznaka „W Służbie Narodu" – 1984 r.
– Złota Odznaka „ Za Zasługi w Ochronie Porządku Publicznego" – 1988 r.
– Zasłużony Działacz Ruchu Spółdzielczego – 1996 r.

WYRÓŻNIENIA I TYTUŁY HONOROWE:

– Medal 50-lecia Łódzkich Wydziałów Medycznych – 1984 r.
– Nadanie tytułu hrabiowskiego przez Radę Regencyjną – 1994 r.
– „Łodzianin Roku 1995" – tytuł przyznany w wyniku plebiscytu słuchaczy Radia Łódź.
– Medal honorowy Wojewody Łódzkiego – 1996 r.
– III miejsce w plebiscycie czytelników „Dziennika Łódzkiego" na Łodzianina Stulecia – 2001 r.

Nagrody:

– Indywidualna Nagroda Rektora II stopnia za Ważne i Twórcze Osiągnięcia Dydaktyczne i Wychowawcze – 1986 r.
– Indywidualna Nagroda Rektora I stopnia za Ważne i Twórcze Osiągnięcia Naukowe – 1990 r.
– Zespołowa Nagroda Rektora II Stopnia za Ważne i Twórcze Osiągnięcia Naukowe – 1994 r.

CZŁONKOSTWA W RADACH NAUKOWYCH I SPOŁECZNYCH ORAZ W TOWARZYSTWACH NAUKOWYCH:

– Członek Rzeczywisty Europejskiego Towarzystwa Ginekologów – Onkologów.
– Członek Europejskiego Towarzystwa Ginekologów i Położników EAGO.

- Członek Senackiej Komisji Badań Naukowych i Współpracy z Zagranicą.
- Członek Senackiej Komisji do Spraw Rozwoju AM w Łodzi.
- Członek Senackiej Komisji do Spraw Kadr AM w Łodzi.
- Członek Rady Konsultacyjnej Pomnika-Szpitala Centrum Zdrowia Matki Polki w Łodzi.
- Członek Rady Naukowej Instytutu Endokrynologii AM w Łodzi.
- Członek Rady Naukowej Instytutu Pediatrii AM w Łodzi.
- Członek Rady Konsultacyjnej Oddziału Kształcenia Podyplomowego Wydziału Lekarskiego AM w Łodzi.
- Członek Rady Naukowej Centrum Zdrowia Matki Polki.
- Członek Komisji Etycznej do Spraw Badań Naukowych AM w Łodzi.
- Członek Rady Nadzorczej Zespołu Opieki Zdrowotnej Łódź-Górna.
- Członek Komisji Lekarskiej badającej skutki pseudolekarskich eksperymentów na więźniach hitlerowskich obozów koncentracyjnych.

CZŁONKOSTWO W KOMITETACH REDAKCYJNYCH CZASOPISM NAUKOWYCH:

- „Ultrasonografia Polska".
- „Kliniczna Perinatologia i Ginekologia".
- „Ginekologia Praktyczna".
- „Ginekologia Polska".

W połowie lat osiemdziesiątych wybrany został na przewodniczącego Oddziału Łódzkiego Polskiego Towarzystwa Ginekologicznego. W okresie gdy był prezesem Towarzystwa, starał się jak najbardziej zintegrować ginekologów z terenu województwa. Organizował, przy wsparciu sponsorujących firm farmaceutycznych, comiesięczne posiedzenia naukowe Oddziału, na których omawiano zarówno interesujące problemy położnicze, ginekologiczne, jak i aktualne sprawy organizacyjne pionu położniczo-ginekologicznego w województwie. Referaty na tych posiedzeniach, obok znanych w Polsce prominentów ginekologii, wygłaszali nierzadko przyszli doktoranci i habilitanci, którzy w ten sposób mogli przedstawić tezy swoich prac doktorskich i poddać się ocenie kolegów, zanim zrobiła to Rada Wydziału Lekarskiego Akademii Medycznej.

W tym okresie przyjeżdżał też kilka razy do Kielc. Na moje zaproszenie brał udział w posiedzeniach naukowych oddziału kieleckiego PTG, na których wygłaszał referaty i dzielił się swoimi bogatymi doświadczeniami z ginekologami województwa świętokrzyskiego.

W związku z tymi spotkaniami przypomina mi się następujące zdarzenie.

Na zebrania do Kielc Prof. Wacław Dec przyjeżdżał zawsze swoim samochodem. Jeździł wtedy „maluchem" (fiatem 126p). Dla niezorientowanych podaję, że „maluch" był samochodem produkowanym w Bielsku-Białej i Tychach w latach 1973–2000. W tamtych latach był najpopularniejszym samochodem na polskich drogach. Z powodu małych gabarytów stał się tematem wielu dowcipów, m.in. takich, że „jest tak mały, iż głowę trzyma się w samochodzie pomiędzy nogami, cztery koła służą do pchania samochodu w zimie, jeśli ma kolor czerwony, to łatwo go pomylić ze skrzynką na listy itp.". No tak, takimi samochodami w owym czasie jeździli profesorowie medycyny.

Ponieważ Wacław był człowiekiem niezwykle skromnym, nigdy nie dał się namówić na zorganizowanie Mu transportu. Mówił, że nie ma takiej potrzeby, aby ktoś Go specjalnie przywoził i odwoził do Łodzi. Był w tym nieprzejednany. Aż którejś zimy podczas powrotu do domu spotkała Go w drodze bardzo nieprzyjemna i stresująca przygoda. Był początek lutego. Na dworze siarczysty mróz i śnieżyca. Wcześnie zapadł zmierzch. Po skończonym zebraniu i szybkim obiedzie Profesor pożegnał się. Z trudem „wcisnął się" do swego wehikułu, pomachał na pożegnanie i – nic. Kilkakrotne próby uruchomienia silnika spełzły na niczym. Długo pchaliśmy samochód, aby wreszcie silnik zaskoczył i „maluch" ruszył w drogę.

Minęło kilka godzin. Swoim zwyczajem zatelefonowałem do domu Profesora, aby dowiedzieć się, czy bez przeszkód dojechał na miejsce. Wesołym, chociaż nieco zmęczonym głosem poinformował, że właśnie po siedmiu godzinach jazdy dotarł już szczęśliwie do domu. Co się stało? Dlaczego tak długo jechał? Okazuje się, że w drodze dwukrotnie złapał gumę. Ze zdjęciem pierwszego koła i założeniem zapasowego miał trochę kłopotów, ale jakoś, mimo grabiejących z zimna rąk, sobie poradził. Natomiast z drugim kołem było dużo gorzej. Początkowo nie bardzo wiedział, co robić. Jak wezwać pomoc? Ciemno. Siarczysty mróz. Dookoła gęsty las. Żywego ducha na drodze. (Nie było wtedy jeszcze telefonów komórkowych!). Wreszcie po godzinie spostrzegł na szosie zbliżające się światła. Na dany przez Profesora znak ręką pojazd się zatrzymał. Był to duży samochód ciężarowy z łódzką rejestracją. Kierowca obejrzał zepsute koło i początkowo nie bardzo wiedział, w jaki sposób może udzielić pomocy. W czasie rozmowy Profesor przedstawił się i – „dokonał się cud". Kierowca ożywił się, przyjrzał się uważnie Profesorowi, wyjął jakieś narzędzia, kazał trzymać latarkę, zdjął i rozebrał uszkodzone koło, zakleił łatką dziurę w dętce, założył zreperowane koło

Fot. 47. Doc. dr hab. Wacław Dec – prorektor AM w Łodzi – 1986 r.

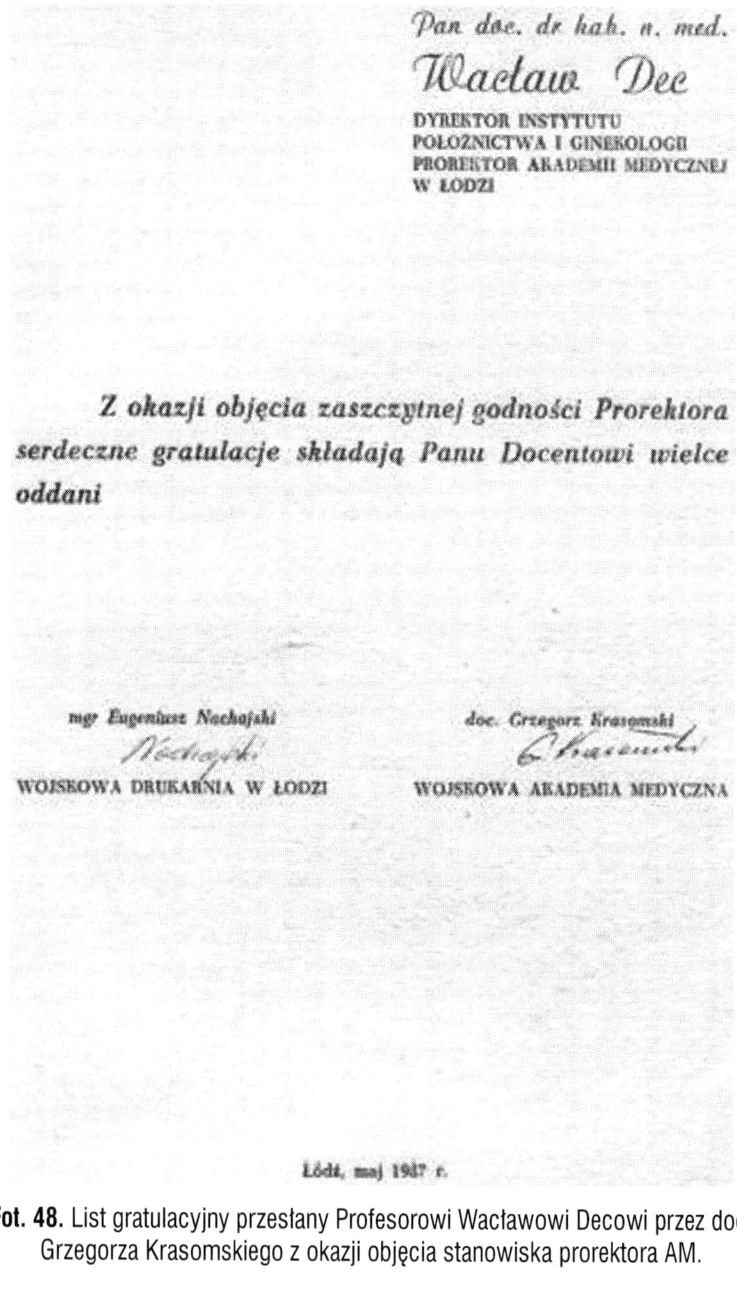

Pan doc. dr hab. n. med.

Wacław Dec

DYREKTOR INSTYTUTU
POŁOŻNICTWA I GINEKOLOGII
PROREKTOR AKADEMII MEDYCZNEJ
W ŁODZI

Z okazji objęcia zaszczytnej godności Prorektora serdeczne gratulacje składają Panu Docentowi wielce oddani

mgr Eugeniusz Nachajski	doc. Grzegorz Krasomski
WOJSKOWA DRUKARNIA W ŁODZI	WOJSKOWA AKADEMIA MEDYCZNA

Łódź, maj 1987 r.

Fot. 48. List gratulacyjny przesłany Profesorowi Wacławowi Decowi przez doc. Grzegorza Krasomskiego z okazji objęcia stanowiska prorektora AM.

Fot. 49. Inauguracja roku akademickiego 1988 na Wydziale Lekarskim Akademii Medycznej w Łodzi.

Fot. 50. Ostatnie w kadencji 1986–1990 Kolegium Rektorskie Akademii Medycznej w Łodzi.

i dopiero wtedy przyznał się, że Profesor jest mu znany, gdyż z powodzeniem leczył kiedyś jego żonę. Dzięki więc swojej popularności wśród łodzian i szczęśliwemu trafowi Profesor mógł wkrótce dotrzeć do domu. A ja do dzisiaj mam wyrzuty sumienia, że nie byłem dość asertywny i wbrew rozsądkowi zgodziłem się na samotną eskapadę Profesora.

1 października 1986 roku Prof. Wacław Dec objął godność Prorektora ds. nauczania i wychowania AM w Łodzi.

18 lutego 1988 roku, na wniosek Rady Wydziału Lekarskiego Akademii Medycznej w Łodzi, przewodniczący Rady Państwa Wojciech Jaruzelski nadał Wacławowi Decowi tytuł naukowy profesora nadzwyczajnego nauk medycznych.

W okresie pełnienia obowiązków prorektora ds. nauczania i wychowania Akademii Medycznej w Łodzi Profesor Wacław Dec dał się poznać jako członek Kolegium Rektorskiego wyjątkowo życzliwy dla studentów i młodych pracowników naukowych. Studenci znajdowali w Nim oparcie i zawsze mogli liczyć na Jego przychylność w załatwianiu trudnych spraw bytowych, spraw związanych z nauką i często prywatnych. Z okazji zakończenia kadencji Komitet Wykonawczy Rady Uczelnianej Zrzeszenia Studentów Polskich przesłał Profesorowi gorące podziękowania za współpracę i okazywaną studentom życzliwość.

Na początku lat dziewięćdziesiątych Minister Zdrowia i Opieki Społecznej ponownie mianował Prof. Wacława Deca Członkiem Rady Naukowej Centrum Zdrowia Matki Polki w Łodzi.

Nominację na profesora zwyczajnego Wacław Dec otrzymał w 1996 roku.

W 1995 roku Prof. Wacław Dec uhonorowany został przez słuchaczy Radia Łódź i czytelników łódzkich gazet, tytułem „Łodzianina Roku". Hanna Jaśkiewicz zauważyła, że: *Gdy wybrano profesora Deca na „Łodzianina Roku 1995", był zdziwiony i zażenowany.*

Nie jestem łodzianinem z urodzenia – mówił. Przyjechałem do tego miasta przed pięćdziesięciu laty i tu zostałem. Jestem dumny, że łodzianie mnie wybrali. Całe swoje życie tak ukierunkowałem, by nawet w medycynie być humanistą.

PRZEWODNICZĄCY
RADY PAŃSTWA

Warszawa, dnia 18 lutego 1988 r.

Obywatel
dr hab. Wacław DEC

w Łodzi

Rada Państwa uchwałą z dnia 18 lutego 1988 r. nadała Obywatelowi tytuł naukowy profesora nadzwyczajnego nauk medycznych.

Wojciech Jaruzelski

Za zgodność

Grażyna

Fot. 51. Nominacja doc. Wacława Deca na profesora nadzwyczajnego nauk medycznych.

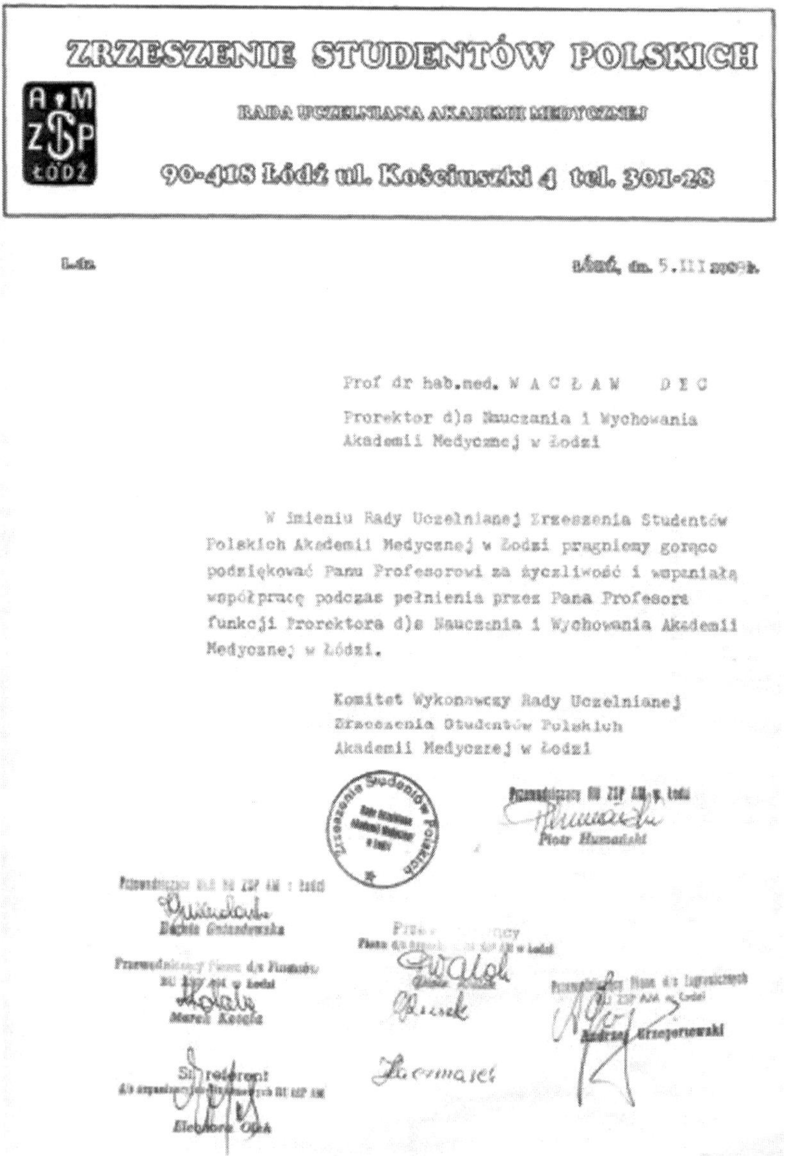

ZRZESZENIE STUDENTÓW POLSKICH

RADA UCZELNIANA AKADEMII MEDYCZNEJ

90-418 Łódź ul. Kościuszki 4 tel. 301-28

Łódź, dn. 5.III

Prof dr hab.med. W A C Ł A W D E C

Prorektor d/s Nauczania i Wychowania

Akademii Medycznej w Łodzi

W imieniu Rady Uczelnianej Zrzeszenia Studentów Polskich Akademii Medycznej w Łodzi pragniemy gorąco podziękować Panu Profesorowi za życzliwość i wspaniałą współpracę podczas pełnienia przez Pana Profesora funkcji Prorektora d/s Nauczania i Wychowania Akademii Medycznej w Łodzi.

Komitet Wykonawczy Rady Uczelnianej

Zrzeszenia Studentów Polskich

Akademii Medycznej w Łodzi

Fot. 52. Zrzeszenie Studentów Polskich dziękuje Profesorowi Wacławowi Decowi za współpracę.

Centrum Zdrowia Matki Polki
Łódź, ul. Rzgowska 281/289

Łódź, 31 grudnia 1992 r.

Prof. dr hab. Wacław Dec
Dyrektor Instytutu Ginekologii
i Położnictwa AM
ul. Wileńska 37
90-029 Łódź

Wielce Szanowny Panie Profesorze,

Z prawdziwą przyjemnością mam zaszczyt zawiadomić Pana Profesora, że w dn. 11.12.92 r. Minister Zdrowia i Opieki Społecznej mianował Pana Członkiem Rady Naukowej CZMP.

W imieniu własnym pozwalam sobie przekazać serdeczne gratulacje, z góry cieszę się z cennego udziału Pana Profesora w posiedzeniach Rady Naukowej CZMP.

Łączę wyrazy głębokiego szacunku

Fot. 53. Gratulacje dyrektora CZMP prof. dr. hab. Tomasza Pertyńskiego z okazji mianowania Prof. Wacława Deca na członka Rady Naukowej Centrum.

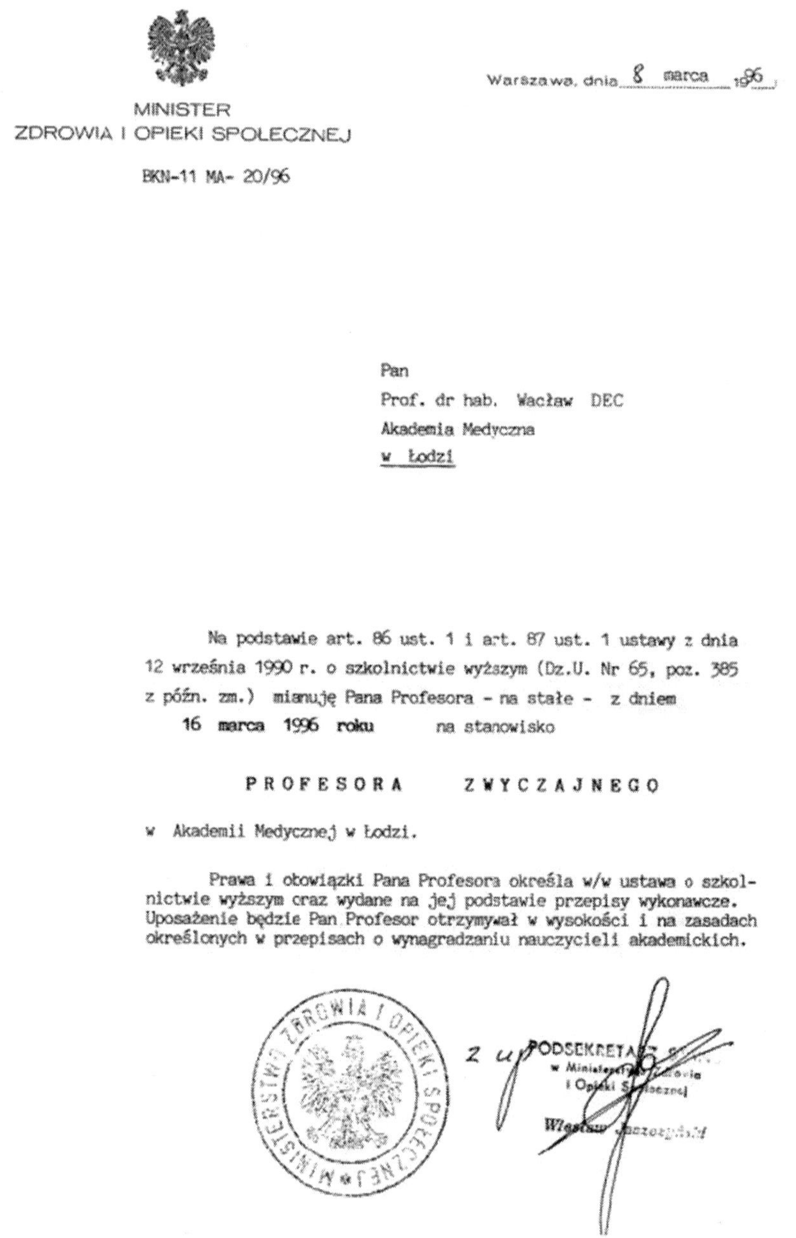

MINISTER
ZDROWIA I OPIEKI SPOŁECZNEJ

Warszawa, dnia 8 marca 1996

BKN-11 MA- 20/96

Pan
Prof. dr hab. Wacław DEC
Akademia Medyczna
w Łodzi

Na podstawie art. 86 ust. 1 i art. 87 ust. 1 ustawy z dnia 12 września 1990 r. o szkolnictwie wyższym (Dz.U. Nr 65, poz. 385 z późn. zm.) mianuję Pana Profesora - na stałe - z dniem 16 marca 1996 roku na stanowisko

P R O F E S O R A   Z W Y C Z A J N E G O

w Akademii Medycznej w Łodzi.

Prawa i obowiązki Pana Profesora określa w/w ustawa o szkolnictwie wyższym oraz wydane na jej podstawie przepisy wykonawcze. Uposażenie będzie Pan Profesor otrzymywał w wysokości i na zasadach określonych w przepisach o wynagradzaniu nauczycieli akademickich.

MINISTERSTWO ZDROWIA I OPIEKI SPOŁECZNEJ

z up. PODSEKRETARZ S...
w Ministerstwie ...
i Opieki Społecznej

Wiesław ...

Fot. 54. Mianowanie Prof. Wacława Deca na stanowisko profesora zwyczajnego.

Szanowny Pan
Wacław Dec

Z radością i satysfakcją informujemy
że decyzją łódzkich VIP-ów
oraz przedstawicieli mediów i słuchaczy Radia Łódź
znalazł się Pan na liście dziesięciu nominowanych do tytułu

Łodzianin Roku 1995

czwartej edycji plebiscytu Radia Łódź.
Serdecznie gratulując popularności
i uznania łódzkiej społeczności
zapraszamy do udziału w finale plebiscytu
18 - go lutego 1996,
który odbędzie się w Kawiarni Grand o godzinie 16.30.
Podczas żywej transmisji
radiowego programu „Kawa ze śmietanką”,
w obecności wszystkich nominowanych,
przedstawicieli łódzkich mediów
i zaproszonych gości
będziemy mieli przyjemność przedstawić
zwycięzcę plebiscytu.
Jeszcze raz gratulując obecności w złotej dziesiątce
i życząc zwycięskich laurów
liczymy na niezawodne przybycie.

Łączymy wyrazy szacunku

Zarząd Radia Łódź S.A.

Mariusz Woźniczka
Członek Zarządu

Małgorzata Kamińska-Bruszewska
Prezes Zarządu

Fot. 55. Profesor Wacław Dec „Łodzianinem Roku 1995”.

I był nim z pewnością do końca swych dni.

A kiedy podczas uroczystości wręczenia Mu tego honorowego tytułu cytowano fragmenty listów od osób, które na Niego głosowały, z właściwym sobie poczuciem humoru powiedział: „Ja wiem, że dziś jest taki dzień, w którym należy mi mówić tylko same miłe rzeczy...” [25].

Dziennik Łódzki

EWÓDZTWO 19 lutego 1996 r. 7

Łodzianin Roku

Wacław Dec, profesor Akademii Medycznej w Łodzi, ginekolog i położnik, uhonorowany został przez słuchaczy Radia Łódź i czytelników łódzkich gazet, tytułem „Łodzianina Roku”.

Przypomnijmy, że był to już czwarty plebiscyt zorganizowany przez Radio Łódź. Tym razem, zamiast nagrody pieniężnej, laureat otrzymał statuetkę zaprojektowaną przez Piotra Cieciurę, w którą artysta wkomponował fragment meteorytu. Uroczystość wręczenia tytułu odbyła się wczoraj w Grand Hotelu podczas transmitowanego na żywo programu „Kawa ze śmietanką”. Bronisław Wrocławski zaprezentował wiersz Tomasza Bieszczada, Wojciech Walasik, aktor Teatru Studyjnego grał na trąbce, Dariusz Fiet pokazał kilka ciekawych fotografii, a wszystkiemu towarzyszył na fortepianie Karol Nicze oraz kwartet im. Aleksandra Tansmana.

tgz

Fot. Marian Zubrzycki

Fot. 56. Profesor Wacław Dec otrzymuje statuetkę „Łodzianina Roku”.

jeżeli nawet Prezydentowi Jelcynowi uda się nie dopuścić Polski do NATO, to ja Pana Profesora przyjmę napewno, i to z całą Rodziną. A tymczasem proszę przyjąć moje serdeczne gratulacje, do których przyłącza się moja żona Hillary, nasza córka Chelsea, cały personel of the White House, Białego Domu, oraz cała Ameryka bez względu na pochodzenie, wyznanie, kolor skóry i stosunek do aborcji.

Z wyrazami szacunku
Bill Clinton,
42. Prezydent Stanów Zjednoczonych

Fot. 57. Gratulacje prezydenta Stanów Zjednoczonych Billa Clintona z okazji nadania Prof. Wacławowi Decowi tytułu „Łodzianina Roku".

Z okazji uhonorowania tytułem „Łodzianina Roku 1995" Profesor Dec otrzymał skromną statuetkę, w której umieszczony był kamień z kosmosu. Dziękując za tę symboliczną nagrodę, powiedział: *Najbardziej fascynuje mnie ten okruch meteorytu, który tu siedzi, jest wmontowany. Ten meteoryt leciał przez Świat w kierunku naszej planety i stygł po drodze o 1 stopień w ciągu miliona lat. Ponieważ ten okruch miał temperaturę około 2000 stopni to, jak szybko obliczył przed chwilą jeden z kolegów, leciał na ziemię 200 milionów lat po to, żeby wpaść w moje ręce...* [2].

Z okazji nadania tytułu „Łodzianina Roku 1995" Profesor otrzymał m.in. gratulacje od prezydenta Stanów Zjednoczonych Billa Clintona.

W ostatnim dniu 2000 roku rozstrzygnięto ogłoszony przez „Dziennik Łódzki" konkurs na „Łodzianina Stulecia". Profesor Wacław Dec został w tym plebiscycie laureatem zaszczytnego trzeciego miejsca. Wyprzedził m.in. jezuitę Stefana Miecznikowskiego, pianistę Artura Rubinsteina, dyrygenta Henryka Debicha i aktora Stefana Jaracza [31].

A propos działalności społecznej córka Grażyna wspomina: *Szereg działań społecznych mój Ojciec inicjował, a w wielu tylko współuczestniczył, ale zawsze aktywnie. Na przykład w programie „Łódź – zdrowe miasto". Wydano wiele broszurek oświatowych adresowanych do pacjentek, pielęgniarek, lekarzy. We współpracy z ligą kobiet*

Fot. 58. Profesor Wacław Dec z red. Zygmuntem Broniarkiem.

zorganizował cykle wykładów na temat menopauzy i profilaktyki nowotworów narządu płciowego oraz gruczołu sutkowego. Szczególną wagę przywiązywał do sprawy badania gruczołów piersiowych. Chciał tego nauczyć wszystkie kobiety w Łodzi. Przygotował film poglądowy emitowany w telewizji, w którym pokazywał kobietom, w jaki sposób należy badać piersi, kiedy mają to robić i jak często (…) Był gorącym propagatorem badania gruczołów piersiowych podczas każdej wizyty u ginekologa (...) Mój Ojciec był orędownikiem antykoncepcji, miał odwagę głośno mówić, że kobieta ma prawo rodzić

UNIWERSYTET ŁÓDZKI

REKTOR

Pan

Prof. dr Wacław Dec

Wielce Szanowny Panie Profesorze,

Z prawdziwą satysfakcją i przyjemnością przyjąłem wiadomość o wyróżnieniu Pana Profesora zaszczytnym tytułem Łodzianina Roku 1995. Wybór ten świadczy nie tylko o tym, że społeczeństwo Łodzi bardzo wysoko sobie ceni Pańskie osiągnięcia zawodowe i naukowe - to również wyraz uznania dla Pańskiej odwagi cywilnej.
Nie mogąc z powodu złego stanu zdrowia, uczestniczyć w niedzielnym spotkaniu pragnę tą drogą złożyć Panu Profesorowi gratulacje i wyrazy głębokiego uznania.

Z poważaniem

Prof. dr hab. Michał Seweryński
Rektor Uniwersytetu Łódzkiego

Łódź, luty 1996.

Fot. 59. Gratulacje Rektora Uniwersytetu Łódzkiego przekazane prof. Wacławowi Decowi z okazji wyróżnienia tytułem „Łodzianina Roku 1995".

Prezydium Zarządu
Łódzkiego Ligi Kobiet Polskich
serdecznie gratuluje Wielce
Szanownemu Panu Profesorowi
wyboru na "Łodzianina Roku".
Łączymy Wyrazy Najwyższego
Szacunku dla Pana Profesora
oraz całego zespołu pracującego
na rzecz zdrowia kobiet i dzieci.

22.02.96r.

V-ce przew.
Urszula Płażewska

Fot. 60. Gratulacje Łódzkiego Oddziału Ligi Kobiet Polskich z okazji wyboru Prof. Wacława Deca na „Łodzianina Roku 1995”.

Wielce Szanowny Panie Profesorze,

Drogi Laureacie !

W imieniu całej społeczności akademickiej Wojskowej Akademii Medycznej i swoim własnym składam Panu Profesorowi najserdeczniejsze gratulacje z okazji uhonorowania przez słuchaczy Radia Łódź i czytelników łódzkich gazet tytułem "ŁODZIANINA ROKU".

Życzymy najserdeczniej dalszych znaczących sukcesów w pracy, spełnienia wszelkich życiowych planów i zamierzeń, dobrego zdrowia i osobistej pomyślności.

Męska część naszej Uczelni zazdrości Panu Profesorowi ogromnej popularności,zwłaszcza wśród damskiej społeczności łódzkiej, ale wszyscy cieszymy się, iż nasze Panie miały możność wybrać swojego "Łodzianina Roku".

R E K T O R

gen.bryg.prof.dr Henryk CHMIELEWSKI

Fot. 61. Gratulacje Rektora WAM z okazji uhonorowania Prof. Wacław Deca tytułem „Łodzianina Roku 1995.

dzieci, które będzie kochała, i z partnerem, którego kocha i szanuje. Uważał, że wobec braku wiedzy kobiet i informacji medycznej na temat antykoncepcji istnieją sytuacje, w których przerwanie ciąży jest mniejszym złem…[23].

Profesor Witold Malinowski pisze: *Minęło już tyle lat od Jego odejścia. Jednak wierna pamięć za każdym razem, gdy następuje wspomnienie postaci Profesora, niezmiennie przywołuje obraz wysokiego, szpakowatego, prostego jak struna mężczyzny, który spod krzaczastych brwi spogląda na ciebie wzrokiem zdawałoby się ostrym i przenikliwym, a przecież w gruncie rzeczy łagodnym, dobrym i przyjaznym. Ten wyraz oczu znamionował bez wątpienia Jego stosunek do otaczającej rzeczywistości, do współpracowników, podwładnych, pacjentek, studentów, znajomych, przyjaciół, słowem do świata i ludzi. O ile wyraźnie zapisały się w pamięci sytuacje, gdy Profesor ze skupieniem słucha swego rozmówcy podkreślając jednocześnie wyrazem twarzy, a zwłaszcza lekkim zmarszczeniem brwi i podniesieniem kącików ust, że to co słyszy jest dla Niego ważne, zatem i rozmówca jest ważny, o tyle żadną miarą nie można sobie przypomnieć, by kiedykolwiek był zagniewany, rozsierdzony, szydzący, drwiący.*

Potrafił wspaniale słuchać i Jego też słuchało się w sposób, w jaki słucha się najwyższych autorytetów. Używał wspaniałej, wyszukanej, wręcz wytwornej polszczyzny, mówił spokojnie, nie targały nim przesadne emocje, nie zwykł posługiwać się tanimi, retorycznymi sztuczkami. Jeżeli wyrażał poglądy, wszystko jedno czy dotyczyły one ludzi czy spraw, były zawsze wyważone, dalekie od zaciekłości i brutalnych porównań, a nadto rzetelnie umotywowane. Przez studentów uwielbiany za najwyższej próby kompetencje, jasność wypowiedzi, bezpretensjonalność, a także za odważne, bezkompromisowe podejmowanie tematów ideologicznie wówczas niepopularnych. Podczas Jego wykładów sale uczelni pękały w szwach.

Pacjentki otaczał wielką troskliwością, stwarzał im poczucie bezpieczeństwa, dobrostanu, podmiotowości. Nic dziwnego, że darzyły Go nadzwyczajnym zaufaniem… [32].

Fot. 62. Profesor ze skupieniem słucha swego rozmówcy.

Medical University of Łódź

POLAND
al. Kościuszki 4
90-419 Łódź
tel. 32-51-00

AKADEMIA MEDYCZNA W ŁODZI

Akademia Medyczna w Łodzi

al. Kościuszki 4
90-419 Łódź
telex 885410 AMEL PL
fax 32 23 47

AOZ/8194 / 35 /95 **Łódź, dnia 31.10.1995 r.**

Sz. Pan

prof. dr hab. Wacław Dec

Na podstawie § 89 ust. 1 Statutu Akademii Medycznej w Łodzi z dnia 19 kwietnia 1991 r. powołuję **Pana Profesora** na stanowisko

Kierownika

I Kliniki Ginekologii
Instytutu Ginekologii i Położnictwa
Akademii Medycznej w Łodzi

na czas określony 5 lat

tj. od dnia 15 października 1995 r. do dnia 14 października 2000 r.

REKTOR

prof. dr hab. med. Jan Berner

Fot. 63. Powołanie Prof. Wacława Deca na kierownika I Kliniki Ginekologii Instytutu Ginekologii i Położnictwa AM.

W październiku 1995 roku Prof. Wacław Dec powołany został na okres następnych pięciu lat na stanowisko kierownika I Kliniki Ginekologii Instytutu Ginekologii i Położnictwa Akademii Medycznej w Łodzi.

Sympozja i kongresy

Z działalnością zawodową i naukową nierozerwalnie związane są organizowane kilkanaście razy do roku konferencje, sympozja i kongresy Polskiego Towarzystwa Ginekologicznego. Oprócz zazwyczaj ciekawego programu naukowego dużą, nie mniej ważną, ich częścią są spotkania towarzyskie. Jest to okazja do nawiązania bliższej znajomości pomiędzy uczestnikami, miejsce do zabawy i mniej oficjalnych rozmów oraz wymiany doświadczeń.

Nie sposób wyliczyć wszystkich spotkań naukowych, w których czynny udział brał Profesor Wacław Dec. Wygłaszał referaty, brał udział w dyskusjach okrągłego stołu, prowadził sesje plakatowe i uczestniczył w pracach komitetów naukowych.

Fot. 64. Sympozjum jest okazją do nawiązania pomiędzy uczestnikami bliższej znajomości i miejscem mniej oficjalnych rozmów.

Fot. 65. W kuluarach sympozjum. Prof. Wacław Dec w rozmowie z prof. prof. Jerzym Gerberem i Tadeuszem Pisarskim.

Fot. 66. Dyskusja w kuluarach. Prof. prof. Wacław Dec, Janusz Emerich, Jerzy Jakowicki.

Fot. 67. Uroczystość inaugurująca obrady sympozjum. Na pierwszym planie od lewej: prof. prof. Longin Marianowski, Janusz Woytoń, Tadeusz Pisarski, Rudolf Klimek, N.N., Wacław Dec, Adam Cekański.

Fot. 68. W przerwie między obradami. Kongres PTG w Warszawie. Od lewej w pierwszym rzędzie: prof. prof. Wacław Dec, Teresa Pajszczyk-Kieszkiewicz (Łódź), Radosław Sikorski (Lublin), Tadeusz Pisarski (Poznań), Adam Cekański (Katowice).

Więź moja z Wacławem zacieśniła się jeszcze bardziej podczas Sympozjum Sekcji Patologii Szyjki Macicy i Kolposkopii zorganizowanym w 1985 roku przez prof. Jana Madeja (Kraków) w domu wczasowym Huty im. Lenina w Rabce Niżnej.

Nie tylko obrady, lecz także wieczorne spotkania przy ognisku, pieczenie barana, zabawa w pięknej okolicy, scementowały naszą przyjaźń, która trwała nierozerwalnie aż do Jego tragicznego wypadku samochodowego dnia 8 maja 1997 roku na szosie do Lublina, w okolicy Puław i niepotrzebnego zgonu cztery dni później.

Myślę o Wacławie często i brak mi Go bardzo. A takie piękne plany snuliśmy na okres „na emeryturze".

Niezapomniane V Sympozjum Sekcji Psychosomatycznej Polskiego Towarzystwa Ginekologicznego w Żninie 5–6 czerwca 1992 roku

Fot. 69. Obrady Sympozjum SPSzMiK – Rabka 1985 r. Na pierwszym planie prof. Zofia Królikowska. W drugim rzędzie siedzą od prawej: prof. prof. Zbigniew Zdebski (Kraków), Janusz Woytoń (Wrocław), Rudolf Klimek (Kraków), Wacław Dec (Łódź), Stanisław Różewicki (Szczecin).

Fot. 70. Pierwsza strona programu Sympozjum.

na temat psychosomatycznych uwarunkowań porodu. Zorganizował je dr hab. Czesław Kłyszejko.

Umówiłem się z Wacławem, że jadąc samochodem z Kielc, zabiorę Go z Łodzi i dalej pojedziemy razem. Zakwaterowani byliśmy w domu wczasowym w Wenecji k. Żnina.

Obrady odbywały się w Żninie w domu kultury. Głównym punktem spotkania było posiedzenie Zarządu Głównego PTG w pałacu w Lubostroniu.

Członkowie Zarządu Głównego powitani zostali serdecznie przez Pałucką Kapelę ludową występującą pod patronatem Żnińskiego Domu Kultury. Niezwykle efektowne układy taneczne oraz muzykanci wykorzystujący do gry skrzypce, basy, klarnety, gwizdki, fujarki, trąbki, klekotki i dzwonki zrobiły na wszystkich duże wrażenie.

Profesor Wacław Dec był członkiem honorowym Suwalskiego Towarzystwa Ginekologicznego.

Fot. 71. Koktajl powitalny przed domem wczasowym „Wenecja" k. Żnina. (Od lewej: prof. prof. Czesław Kłyszejko, Zbigniew Słomko, Rudolf Klimek, Jerzy Jakowicki, Wacław Dec, Andrzej Malarewicz, Izabella Rzepka-Górska, Bogdan Chazan.

Fot. 72. Zarząd Główny obraduje – Żnin 1992 r. Dookoła stołu od strony lewej do prawej siedzą: prof. prof. Czesław Kłyszejko (Bydgoszcz), Zdzisław Maciejewski (Koszalin), Andrzej Malarewicz (Kielce), Wacław Dec (Łódź), Marian Szamatowicz (Białystok), Alfred Reroń (Kraków), Janusz Woytoń (Wrocław), Tomasz Pertyński (Łódź), Marek Spaczyński (Poznań), Jerzy Gerber (Wrocław), Marek Grabiec (Bydgoszcz), Michał Jóźwik (Białystok), Andrzej Skręt (Rzeszów), Rudolf Klimek (Kraków).

Fot. 73. Zarząd Główny Polskiego Towarzystwa Ginekologicznego przed pałacem Lubostroń – 1992 r.

Fot. 74. Członkowie Zarządu Głównego PTG i Kapela Pałucka.

Suwalskie Towarzystwo Ginekologiczne imienia Profesora Stefana Soszki powołane zostało do życia (już nieistniejące – przyp. autora) w czwartym roku po śmierci profesora Soszki, z inicjatywy syna, docenta Tomasza Soszki.

Profesor Stefan Soszka był wybitną jednostką, wybitnym człowiekiem, naukowcem i lekarzem ginekologiem-położnikiem, działającym w Polsce w drugiej połowie dwudziestego wieku. Był twórcą tzw. białostockiej szkoły położniczo-ginekologicznej.

Protektorat nad Towarzystwem objęła białostocka Alma Mater. Zgodnie ze statutem członkiem Towarzystwa mógł zostać każdy, kto przesłał wypełnioną i podpisaną deklarację. Członkowie nie mieli żadnych obowiązków formalnych. Nie obowiązywały żadne składki. W założeniach programowych Towarzystwo zakładało organizowanie zebrań szkoleniowych i ogólnopolskich spotkań naukowych o charakterze sympozjum. I organizowało!

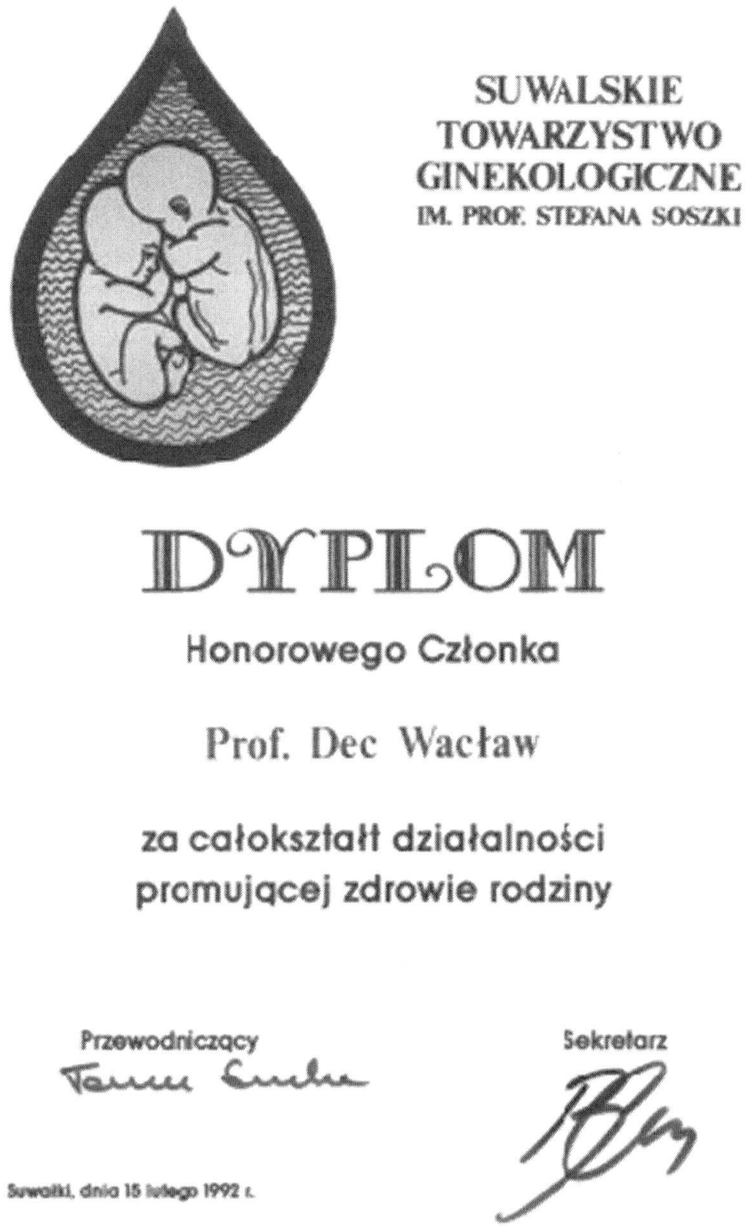
SUWALSKIE
TOWARZYSTWO
GINEKOLOGICZNE
IM. PROF. STEFANA SOSZKI

DYPLOM

Honorowego Członka

Prof. Dec Wacław

za całokształt działalności
promującej zdrowie rodziny

Przewodniczący

Sekretarz

Suwałki, dnia 15 lutego 1992 r.

Fot. 75. Dyplom Honorowego Członka Suwalskiego Towarzystwa Ginekologicznego Profesora Wacława Deca.

Wacław chętnie uczestniczył w spotkaniach organizowanych przez Suwalskie Towarzystwo Ginekologiczne. Odbywały się one w atrakcyjnych miejscowościach Pojezierza Suwalsko-Augustowskiego. Pamiętam jedno z takich spotkań, które odbyło się 2–3 września 1994 roku w Kuklach k. Sejn.

Do Kukli, gościńca malowniczo położonego na skraju Puszczy Augustowskiej, w pobliżu Czarnej Hańczy, nad jeziorem Pomorze, zjechali ginekolodzy z całej Polski dobrze pamiętający patrona Towa-

Fot. 76. Profesor Stefan Soszka – twórca „białostockiej szkoły położniczo-ginekologicznej".

Fot. 77. Gościniec Kukle k. Sejn. (Fot. Wikipedia).

Fot. 78. Profesor Wacław Dec wygłasza referat na sympozjum w Kuklach.

rzystwa, aby podzielić się wiadomościami na temat „Nowej generacji hormonów sterydowych – nowej jakości życia".

Profesor Wacław Dec wygłosił tam referat o leczeniu hormonalnym kobiet z objawami hiperandrogenizmu i moderował niezwykle ciekawą dyskusję okrągłego stołu na ten sam temat.

Niezwykle interesujące obrady kontynuowano w kuluarach sympozjum.

Po intensywnym programie naukowym całe towarzystwo spotkało się nad brzegiem jeziora przy ognisku. Wystąpił suwalski zespół muzyczny. Było też piwo zafundowane przez sponsora spotkania „Suwalski Browar", była kąpiel, pływanie kajakami po jeziorze i „długie wieczorne Polaków rozmowy" na pomoście, gdzie zawiązywały się nowe przyjaźnie i z którego karmiono, resztkami kolacji, pływające stado łabędzi.

Fot. 79. Dyskusja okrągłego stołu. Od lewej: dr n. med. Eugeniusz Siwik (Warszawa), prof. prof. Janusz Kłoczko (Białystok), Janusz Badurski (Białystok), Andrzej Malarewicz (Kielce), Marian Szamatowicz (Białystok), Wacław Dec (Łódź), Roman Czekanowski (Warszawa), Marek Kulikowski (Białystok) i organizator Konferencji dr hab. Tomasz Soszka (Suwałki).

Fot. 80. W kuluarach sympozjum.

Fot. 81. W rozmowie Wacek był żartownisiem z dużym poczuciem humoru. Od lewej: autor, prof. prof. Wacław Dec, Roman Czekanowski.

Fot. 82. „Długie wieczorne Polaków rozmowy" przy ognisku. Od lewej: Andrzej Malarewicz, Wacław Dec, Jakub Welfel, Roman i Maria („Dzidzia") Czekanowscy.

Fot. 83. W holu przy gitarze – „Kabaret Dwóch Starszych Panów"– prof. prof. Marian Szamatowicz i Wacław Dec.

Po zachodzie słońca, uciekając przed komarami, wszyscy przenieśli się na resztę wieczoru do budynku. Najwięcej osób zebrało się w holu, gdzie duszą towarzystwa byli panowie Wacław Dec i Marian Szamatowicz. Dwaj cieszący się autorytetem wśród uczestników konferencji profesorowie, udowodnili, że w dziedzinie piosenki i humoru są również niezrównani. Ciekawostką było, że obaj panowie ukończyli to samo liceum w Suchowoli (W. Dec kilka lat wcześniej) i obaj czynnie uczestniczyli w występach chóru szkolnego.

Wieczór upływał w niezwykle przyjemnej i przyjacielskiej atmosferze. Śpiewom i śmiechom nie było końca.

Profesor Urszula Kowalska-Koprek: *W mojej pamięci to był świetny operator, lekarz, człowiek, wychowawca wielu pokoleń młodych lekarzy. Był wrażliwy na ludzkie nieszczęścia i pomagał wszystkim bez względu na pochodzenie i majętność. Najbardziej dotknął mnie osobiście i nie tylko mnie fakt, że po Jego tragicznej śmierci, pomimo zorganizowania przez nas katolickiego pogrzebu, nie mogło do niego dojść,*

Fot. 84. „Love me tender, love me too" i „Siedem dziewcząt z Albatrosa Tyś jedyna, dziś pozostał mi po Tobie smutek, żal...". W duecie prof. prof. Marian Szamatowicz i Wacław Dec.

Fot. 85. „Nazywam się Wacław Dec". Opowiem Państwu następującą historyjkę…

Fot. 86. Dwaj dyrektorzy instytutów ginekologii i położnictwa – łódzki (Wacław Dec) i białostocki (Marian Szamatowicz) w drodze na obrady – 1994 r.

Fot. 87. Przed wyjazdem do domu. Od lewej: profesorowie Roman Czekanowski, Janusz Emerich, Wacław Dec, Andrzej Malarewicz.

ale nie wiem, czy chcemy o tym pisać. Szczególne zasługi dla tego faktu miała m.in. prof. Teresa Pajszczyk-Kieszkiewicz, byliśmy wtedy bardzo poruszeni i przygnębieni, bo nic nie można było w tej kwestii zrobić [33].

Prof. Marian Szamatowicz wspomina, że: *Bezpośredni kontakt z Wackiem, bo tak się wtedy mówiło, miałem dość późno po wielu latach, kiedy był On już samodzielnym pracownikiem nauki, jeszcze oficerem, chyba w randze pułkownika. Natomiast, kiedy w 1950 r. jesienią trafiłem do Liceum Ogólnokształcącego w Suchowoli, aby pobierać nauki w klasie 10-tej to miałem z Nim kontakt w sposób pośredni, bowiem mówiło się, że był tu absolwentem Wacek Dec, który teraz studiuje w Wojskowej Akademii Medycznej.*

Z tamtego okresu pozostają inne piękne wspomnienia. W Suchowoli było wiele urodziwych dziewcząt, ale urodą i słowiczym śpiewem wyróżniały się dwie – Lidka i Niusia. Ta pierwsza, zanim wyjechał na studia, była sympatią Wacka, a Niusia moją. Po wielu latach żartowaliśmy, że była szansa i mogliśmy zostać szwagrami. Kiedyś zostałem zaproszony do Jego rodzinnego domu, właśnie w Suchowoli i wtedy była okazja, aby przypomnieć zdarzenia z tamtych lat.

W 1984 roku, już jako cywil, Prof. Wacław Dec zostaje Dyrektorem Instytutu Ginekologii i Położnictwa w Łodzi, a ja taką samą funkcję zaczynam pełnić w Białymstoku. Nasze kontakty mają dwojaki charakter, najczęściej służbowy na różnego rodzaju konferencjach ale także i prywatny, bo w czasie spotkań naukowych nie tylko samą wiedzą człowiek żyje.

W pracy bardzo zasadniczy, pryncypialny, zaś w życiu prywatnym potrafił sam się świetnie bawić ale także zabawiać innych.

W mojej pamięci Prof. Wacław Dec pozostaje jako człowiek niezwykle prawy, niecierpiący zakłamania, hipokryzji. Był On gorącym propagatorem nowoczesnych skutecznych metod antykoncepcji jako najwłaściwszego sposobu na ograniczenie aborcji. Ale gdy kobieta znalazła się w bardzo trudnej sytuacji życiowej to nie odmawiał jej pomocy. Miał odwagę przyznać się, że wykonywał zabiegi przerywania ciąży. Niestety, nie wszystkim taka postawa się podobała. Ośmielam się twierdzić, że z Wackiem przyjaźniliśmy się i ja jestem nadal dumny z tej przyjaźni [34].

Jesienią 1995 roku w dawnym rządowym ośrodku wypoczynkowym w Arłamowie z inicjatywy wówczas jeszcze docenta, Andrzeja Skręta, przewodniczącego rzeszowskiego Oddziału Polskiego Towarzystwa Ginekologicznego, zebrali się profesorowie położnictwa i ginekologii, aby w otoczeniu dziewiczych lasów Pogórza Przemyskiego zastanowić się nad dotychczasowymi osiągnięciami w diagnostyce i leczeniu raka szyjki macicy.

Pretekstem do spotkania było wydanie przez Andrzeja Skręta i Andrzeja Pieli monografii pt. *Rozszerzone usunięcie macicy*. Jak w przedmowie podkreśla prof. Rudolf Klimek, książka zawiera „przegląd poglądów na istotę raka szyjki macicy i sprowadza radykalne jego leczenie do właściwego wymiaru, tzn. doszczętnego usunięcia zmiany patologicznej w tak szerokich granicach, jak to jest konieczne, a zarazem tak wąsko, jak to jest możliwe" [35].

Każdy z uczestników spotkania ustosunkowywał się do aktualnie stosowanych sposobów diagnostyki raka szyjki macicy i przedstawiał swoje osiągnięcia w leczeniu.

Poszczególne panele w sposób jasny i kompetentny, opierając się na własnym doświadczeniu w technice operacyjnej, podsumowywał m.in. Prof. Wacław Dec. Podkreślał zwłaszcza, na co zwracali szczególną uwagę autorzy wspomnianej monografii, że tylko wykonanie zabiegu operacyjnego adekwatnego do zaawansowania klinicznego raka szyjki macicy pozwala na ograniczenie powikłań związanych ze zbędnym kwalifikowaniem pacjentek z wczesną inwazją nowotworu do rozległej operacji. Jednocześnie postępowanie takie umożliwia ograniczenie powikłań i niepowodzeń związanych z kwalifikacją do zabiegu przypadków nieoperacyjnych [35].

W moim archiwum odnalazłem fotografię przedstawiającą uczestników tego pamiętnego spotkania. Niestety na zdjęciu nie ma prof. Wacława Deca – musiał pilnie wcześniej wrócić do Łodzi.

Fot. 88. „Ostatni zajazd na Litwie" – Arłamów. Członkowie Zarządu Głównego PTG – 1995 r.

Przypominając konferencję w Arłamowie, prof. Andrzej Skręt konstatuje: *Życie składa się z epizodów. Tak jak przedstawienie z odsłon. We wspomnieniach sięgamy do takich odsłon.*

Gdy myślę o Profesorze Wacławie Decu, przypominają mi się dwie odsłony. Pierwsza, która wspaniale charakteryzuje Profesora jako Reprezentanta Grona Profesorów, które odchodzi. Grono, które umiało nie tylko dyskutować, prowadzić badania, ale także dobrze się bawić. Obecnie Grono to jakby bardziej specjalistyczne i niestety częściej ponure.

Miejscem pierwszego epizodu był Arłamów. Pierwsza i nie wiem czy nie ostatnia konferencja gromadząca tylko samodzielnych pracowników naukowych. Jej termin to październik 1995. Październik, czyli czas rykowisk jeleni, cudownych kolorów na bieszczadzkich wzgórzach. Dlatego jedną z atrakcji dla uczestników było polowanie.

Spędziłem razem z myśliwymi, wśród których prym wiedli Profesor Marian Szamatowicz i Profesor Jan Kotarski, całą noc. Jeśli dobrze pamiętam widzieliśmy jedynie jeden „wybrakowany" egzemplarz jelenia, który nie nadawał się nawet na strzał. Jakby dla ośmieszenia myśliwych przed Ośrodkiem w Trójcy pojawił się dorodny byk. Po pierwsze był on nieselekcyjny, po drugie nie był to teren do polowań. Byk pozwolił myśliwym Profesorom przesuwać po swoim ciele czerwoną plamkę laserowego celownika.

Konferencja poświęcona była radykalnej histerektomii. Dyskutowano bardzo zawzięcie. Podstawą do dyskusji była monografia „Rozszerzone Usunięcie Macicy". Każdy z Profesorów przedstawiał pewne aspekty tej operacji. Najważniejszą spuścizną tej konferencji był przekaz, że radykalna histerektomia to nie jedna ale szereg operacji. Konferencja wprowadziła do Polski klasyfikację PIVERA umożliwiającą dostosowanie operacji do przypadku.

Konferencja i „inne uciechy" odbywały się w Ośrodku w Arłamowie, w którym błąkał się jeszcze genius loci. Można było sobie wyobra-

Fot. 89. Lech Wałęsa w otoczeniu uczestników II Konferencji w Arłamowie – 2010 r.

zić bawiących się tutaj dygnitarzy komunistycznych a także zobaczyć łóżko, w którym spał internowany tu Lech Wałęsa. Wartym zaznaczenia jest fakt, że podczas następnej Konferencji w Arłamowie w 2010 roku, znalazł się tutaj na odpoczynku Lech Wałęsa, było to już jednak po śmierci Profesora Deca.

Po zakończeniu obrad pierwszej Konferencji w 1995 roku, urządzono kolację z jeleniną a następnie odbyła się właściwa zabawa. O ile pamiętam, kluczową jej postacią był Profesor Dec, który jednogłośnie został wybrany na osobę przyznającą stosowne tytuły uczestnikom zabawy. Przyznawał tytuły książęce, hrabiowskie i szlacheckie wybranym Profesorom. Odbywało się to przy śpiewach, w których prym wiódł Profesor Zbigniew Zdebski. Ten przedstawiciel „lwowskiej szkoły" pięknie śpiewał i nie wylewał za kołnierz. Dzielnie sekundował mu inny przedstawiciel tej szkoły Profesor Jerzy Gerber. Nominacjom towarzyszyły sporządzone naprędce rekwizyty.

Jako abstynent i przedstawiciel następnej generacji Profesorów, która nie umiała się już tak bawić, śpiewać i pić (razem) pamiętam, że zabawa ta była jednak kulturalna i na wysokim poziomie. Profesorowi

Fot. 90. Profesor Wacław Dec w rozmowie z prof. Jerzym Gerberem (Wrocław).

Fot. 91. Dwaj profesorowie: Wacław Dec i Zbigniew Zdebski (Kraków).

Wacławowi Decowi dzielnie sekundowali w prowadzeniu przewodów arystokratycznych Profesor Longin Marianowski, Profesor Rudolf Klimek i Profesor Tadeusz Pisarski. Był to moim zdaniem „ostatni zajazd na Litwie" wspaniałych Profesorów z dawnych bardziej barwnych czasów, a Profesor Dec był doskonałym przedstawicielem tej grupy" [36].

W tym miejscu muszę wyjaśnić, że Profesor Wacław Dec nie przypadkiem został wybrany przez bawiących się kolegów na osobę przyznającą tytuły arystokratyczne. Kilka miesięcy wcześniej, w Zamku Sieleckim w Sosnowcu, odbyła się bowiem uroczystość z udziałem laureatów plebiscytu „Expressu Ilustrowanego", w którym czytelnicy wybrali najzacniejszych i najszlachetniejszych łodzian, godnych uhonorowania tytułami arystokratycznymi [37].

„Express Ilustrowany" doniósł że: *W imieniu Rady Regencyjnej, regent Leszek Wielki Książę Wierzchowski, w obecności księcia Esterhazego oraz księżnej Siemionowej z domu Romanow umotywował*

Fot. 92. Laureaci plebiscytu „Expressu Ilustrowanego" uhonorowani tytułami arystokratycznymi. („Express Ilustrowany" z dnia 12.12.1994 r.).

przyznanie wyróżnień i wręczył dyplomy nadając tytuły hrabiowskie wybitnym łodzianom prof. Wacławowi Decowi i dr Jackowi Mollowi. Łodzianie, którzy przyjechali z małżonkami, cieszyli się dużym zainteresowaniem zebranych. Nowi Hrabiowie zgodnie twierdzili, że nie są monarchistami, a jedynie osobami świadczącymi usługi na rzecz społeczeństwa [2].

Ich uhonorowanie, jak twierdzi „Express Ilustrowany", mające wymiar symbolu, przyjęte zostało z dużą życzliwością. Profesor Wacław Dec, mający duże poczucie humoru, przyjmując tytuł hrabiowski, zapytał księcia Wierzchowskiego: Proszę księcia, a folwark? Książę odpowiedział mu, że jeśli w Polsce będzie monarchia, może hrabia liczyć na posiadłości ziemskie.

Tytuł hrabiowski i herb Regencja Wacław Dec przyjął z uśmiechem i hrabią nigdy na poważnie nie kazał się tytułować, ale w opisanej wyżej przez prof. Andrzeja Skręta zabawie był osobą kluczową w prowadzeniu „przewodów arystokratycznych" podlewanych obficie wybornym francuskim winem.

Życie prywatne

W okolicach Gorzowa Wielkopolskiego, w Zagórzu, kilka kilometrów na północ od Drezdenka, na południowym skraju Puszczy Nadnoteckiej i nad pięknym jeziorem Łubowo (Lubiewo, Lubow), rodzina państwa Deców posiada połowę starej wiejskiej chałupy.

Profesor, kiedy tylko mógł, jeździł tam, często z przyjaciółmi. Znalazł odskocznię od codziennych problemów zawodowych.

Sadził krzewy, drzewka i chodził na spacery do lasu. Mimo że chatka stoi blisko jeziora, nigdy nie wędkował. Twierdził, że nie łowił ryb, ponieważ jest przeciwny zabijaniu jakichkolwiek zwierząt.

Fot. 93. Profesor Wacław Dec z przyjaciółmi w domu letniskowym w Zagórzu. (Fot. z archiwum prof. Witolda Malinowskiego).

Fot. 94. W Puszczy Nadnoteckiej. Spacer z przyjaciółmi. Od lewej: prof. prof. Kazimierz Lewkowski, Witold Malinowski, Wacław Dec, dr Zelt.

Profesor Kazimierz Lewkowski z łódzkiej Szkoły Filmowej, bliski kolega Profesora, o wspólnym pobycie w Zagórzu opowiada: *Obaj wstawaliśmy wcześnie i szliśmy do puszczy. Ja jestem mieszczuch. Wacek odkrywał przede mną barwy, kolory, kształty, całe piękno przyrody (...) Chodziliśmy po lesie i nigdy nie rozmawialiśmy o wydarzeniach z pierwszych stron gazet, żeby nie obrażać drzew, naszych braci (...) Gładził jałowiec płożący się na działce – rozrósł się do średnicy siedmiu metrów – i przemawiał: rośnij, rośnij, przesuniemy ci płot (…)* [4].

Na gali z okazji mianowania Profesora Wacława Deca „Łodzianinem Roku" prof. Kazimierz Lewkowski powiedział: *My na spacerach właściwie nie rozmawiamy. Chodzimy sobie szlakiem nam dobrze znanym. Jest to Puszcza Nadnotecka. Wychodzimy bardzo wcześnie rano – na „szlak poezji". I my tropimy tę poezję, patrząc na drzewa, a drzewa to są przecież nasi bracia. I tam spotykamy poezję różnych barw. Trudno byłoby nam powiedzieć jakie to są barwy. Czujemy to wewnętrznie. Popatrzymy na siebie i doskonale wiemy, że tam jest poezja. Najpięk-*

niejsza i najcudowniejsza jaką stworzyła natura. Spacerujemy raniutko. Wszyscy jeszcze śpią. Potem wracamy i opowiadamy, cośmy widzieli. Nie opowiadamy w sensie takim dosłownym, tylko jesteśmy tak przejęci, że wszyscy wiedzą, że byliśmy na wspaniałym spacerze (...) [2].

Ulubionym zajęciem Profesora było przygotowywanie drzewa do palenia w kominku. Zwoził stosy drzewa i sam chwytał za siekierę, którą z zapamiętaniem rąbał polana. Oddawał się temu zajęciu z przyjemnością i nikomu nie pozwalał wyręczać się w tej czynności. Twierdził, że ciężka praca fizyczna pozwala Mu na relaks po psychicznie wyczerpujących codziennych czynnościach klinicznych.

Profesor Witold Malinowski wspomina: *Był duszą towarzystwa. Mimo rozlicznych obowiązków i natłoku zajęć potrafił znaleźć czas, by spotkać się z przyjaciółmi, nawet jeśli wymagało to wyjazdu poza Łódź do miejsc oddalonych czasem o kilkadziesiąt kilometrów. Uwielbiał dowcip sytuacyjny i był w jego tworzeniu mistrzem. Jeśli dodać do tego urzekający tembr głosu, wspaniałą intonację, celnie kładzione akcenty, to Jego ciepły, urzekający brzmieniem baryton stanowił zawsze prawdziwą ozdobę każdej konwersacji. Jeśli zdarzała się okazja do wzniesienia toastu, wstawał i ogarnąwszy współobecnych wzrokiem przyjaznym, ale nie znoszącym sprzeciwu tak, aby bezwzględnie uciszyli się, wygłaszał sakramentalne „Zdrowie Pań" w sposób prawdziwy i oczywisty, taki, którego już nikt inny nigdy nie potrafił powtórzyć. Obdarzony znakomitym słuchem muzycznym i godnym pozazdroszczenia głosem chętnie podejmował próby wspólnego wykonywania pieśni intonowanych stosownie do okoliczności, tym bardziej że dysponował bogatym ich repertuarem, zwłaszcza tych patriotycznych i żołnierskich.*

Był znakomitym tancerzem, rozchwytywanym przez damy. Jakże wspaniale potrafił poprowadzić mazura! Nigdy, popularnie mówiąc, nie przebrał miary. Zawsze dawał przykład jak godnie, bez przekraczania barier, można bawić się w gronie przyjaciół i znajomych.

Ludzi takich jak On: wysoce kompetentnych, bezinteresownych, pogodnych, życzliwych, wrażliwych, zawsze umiejących pochylić się

Fot. 95. Był znakomitym tancerzem rozchwytywanym przez damy.

nad każdym, z pozoru czasem błahym problemem innego człowieka, coraz rzadziej się teraz spotyka [32].

Żona Profesora, dr Bożena Dec, opowiedziała mi następujące zdarzenie z Zagórza. Charakteryzuje ono Profesora jako wrażliwego i czułego na nieszczęścia innych ludzi człowieka. Pewnego razu, podczas spaceru po okolicy, zwróciła Jego uwagę bawiąca się przy drodze ośmioletnia dziewczynka. Była ułomna. Miała zdeformowaną klatkę piersiową i widoczny garb szyjny. Zatrzymał się. Przyjrzał się jej dokładnie lekarskim okiem. Szybko zdobył zaufanie dziecka i dowiedział się, gdzie mieszka i kim są jej rodzice. Okazało się, że dziecko pochodziło z biednej wielodzietnej rodziny. Rodzice zlekceważyli lub nie mieli ani czasu, ani chęci, ani możliwości zajęcia się jej chorobą. Zresztą byli przekonani, że córce nic już nie pomoże. Machnęli na nią ręką. Dziewczynka uczyła się dobrze, ale z powodu swojej ułomności do szkoły chodziła niechętnie. W środowisku uczniów czuła się wyobcowana.

Po rozmowie z rodzicami i uzmysłowieniu im, że dziecku potrzebna jest natychmiastowa pomoc, Profesor Dec nie zastanawiając się długo, wsadził ją do samochodu i zawiózł do Łodzi. Po konsultacjach z pediatrami i dzięki swoim układom udało Mu się umieścić dziewczynkę w Centrum Zdrowia Dziecka w Warszawie. Doprowadził do tego, że po kilku miesiącach odpowiedniego leczenia ortopedycznego dziecko wróciło do domu i szybko zapomniało o swoim nieszczęściu. Satysfakcja Profesora była ogromna, a autorytet w okolicy wzrósł niepomiernie.

Dom dla Profesora był przystanią, do której, jak mawiał, przychodzi się i nie ma się często ochoty na rozmowę, bo człowiek jest tak bardzo zmęczony. *Boleję nad tym, że żona moja ciągle na mnie czeka z obiadem, czy przyjdę na czas, czy nie przyjdę (...)* [2]. Pod swoimi skrzydłami gromadził całą rodzinę. Często gościł ją u siebie. Był, podkreślał to, szefem – wodzem „plemienia". A że lubił rządzić, lubił sprawować władzę, wszyscy w rodzinie byli Mu podporządkowani.

Z powodu rozlicznych zajęć niewiele czasu miał dla przyjaciół. Zdarzało się, że znajdował nawet chwilę na granie w brydża. Gry nauczyła Go kiedyś żona. Sama jednak rzadko siadała przy zielonym stoliku, gdyż bardzo absorbowały ją rozliczne obowiązki domowe.

Był numizmatykiem. Zaraził tym hobby syna. Obaj zapisali się do Towarzystwa Numizmatycznego. Długie lata zajmował się kolekcjonowaniem zbiorów monet. Planował, że może kiedyś, gdy zbiory osiągną jakąś wymierną wartość, przekaże je do muzeum.

Kolekcjonował literaturę. Uwagę Jego zajmowały zwłaszcza książki historyczne. Dużo czytał. Ciągle podkreślał, że lekarz, oprócz dużej wiedzy fachowej, powinien być humanistą, powinien być oczytany i „au courant" w literaturze, sztuce i muzyce. Często słuchał muzyki popularnej, ale lubił i cenił również dzieła klasyczne. Najczęściej, zależnie od nastroju, wybierał Bacha albo Verdiego. Czasami, o świcie, gdy wszyscy w domu jeszcze spali, czytał poezję.

W rzadkich wolnych chwilach zajmował się kucharzeniem. Przyprawiał znakomite sałatki i różne przeciery. Umiał zrobić pasztet z za-

Fot. 96. Profesor Wacław Dec podczas świąt Bożego Narodzenia z wnukami.

jąca, upiec polędwicę wołową. Wyspecjalizował się w przyrządzaniu nadziewanej kury i przygotowywaniu doskonałego tatara. Pamiętne są Jego nalewki ze wszystkiego, co się dało – najlepsze robił z korzeni imbiru. Były tak mocne, że paliły gardło niemiłosiernie. Kiedyś zdradził tajemnicę, że posługuje się przepisami wyszperanymi w starych zeszytach swojej babci.

Ostatnie dni z Wacławem

W drugiej połowie kwietnia 1997 roku spotkaliśmy się z Wacławem w pokamedulskim klasztorze nad jeziorem Wigry, na jednym z kolejnych, organizowanych przez doc. Tomasza Soszkę, sympozjów STG. Przyjechał tam ze swoim asystentem, dr. Jakubem Welflem. Wacław, jak zwykle pełen energii i tryskający humorem, był „duszą" zebranego towarzystwa.

Zawieruszyły się gdzieś w archiwum fotografie dokumentujące tamten pobyt nad Wigrami, ale do dzisiaj pamiętam wspaniały pierwszy wieczór po przyjeździe, gdy siedzieliśmy w naszym pokoju hotelowym i w czwórkę (z Wacławem, Jakubem i moją żoną Jagodą) długo, z ożywieniem, omawialiśmy nasze wspólne plany na przyszłość. Rozmowy były gorące, trudno było je przerwać i dopiero pojawiający się za oknem świt zmusił do rozstania. Dzisiaj tak sobie myślę, że trudno było nam się rozstać, gdyż chyba podświadomie każdy przeczuwał, że nasze wspólne zamierzenia już niestety, za kilkanaście dni staną się nieaktualne.

Jeszcze raz spotkaliśmy się z Wacławem w Portugalii. Było to w kilka dni po pobycie nad Wigrami. W dniach 26 kwietnia do 2 maja, w Coimbrze, dawnej stolicy Portugalii, odbywał się X Międzynarodowy Kongres Onkologii Ginekologicznej.

W trakcie obrad Wacław przedstawił referat pt. „IUMPA: intrauterine medro-xiprogesterone acetate in preoperative treatment of endometrial cancer" [38] dotyczący Jego doświadczeń na temat leczenia raka endometrium. Po skończonych obradach organizatorzy Kongresu zaprosili zagranicznych uczestników na wycieczkę po Portugalii, ze zwiedzaniem Lizbony włącznie. Podczas dwudniowego pobytu w stolicy Portugalii robiliśmy wypady do Sintry, Estorii i oczywiście Cabo da Roca. Kilkakrotnie spotykaliśmy się z Wackiem i Jego żoną Bożeną.

Fot. 97. Strona tytułowa Materiałów X Międzynarodowego Kongresu Onkologii Ginekologicznej. Portugalia, Coimbra 26.04–02.05.1997 r.

Fot. 98. W oczekiwaniu na koktajl powitalny.

Fot. 99. Wieczorny relaks po obradach. Od lewej: dr Bożena Dec, prof. prof. Andrzej Skręt, Andrzej Malarewicz, Wacław Dec, doc. Zbigniew Kojs.

Fot. 100. Już po obradach. Wacław z żoną Bożeną. Podróż autokarem z Coimbry do Lizbony.

Profesor Andrzej Skręt wspomina epizod z udziałem Profesora Deca: *Polska grupa biorąca udział w obradach w Coimbrze była bardzo liczna i nie było w niej specjalistów onkologii ginekologicznej, bo ta specjalizacja wówczas jeszcze nie istniała.*

Podczas kolacji siedziałem przy jednym stole z Profesorem Andrzejem Malarewiczem, Profesorem Decem i Jego Małżonką. Profesor Malarewicz był właśnie „po spacerku" ze mną i wówczas jeszcze doktorem, a obecnie doktorem habilitowanym Wojciechem Rokitą. Po kilku kilometrach Profesor Malarewicz powiedział: „słuchaj, Wojtek, zawsze sprawdzaj, czy na konferencję, na którą się wybieram, nie wybiera się Profesor Skręt. Jeśli tak, to nie pojedziemy i w ten sposób zapobiegniemy takim uciążliwym spacerom".

Podczas kolacji Profesor Dec mówił o sprawach, które nabrały specjalnego wydźwięku ponieważ dwa tygodnie później już nie żył. Profesor Dec mówił, że ostatnio zebrał rodzinę, że zamierza na ich

Fot. 101. Óbidos. Zabawa w operatora filmowego.

Fot. 102. Lizbona. Świętujemy rocznicę moich 57 urodzin.

koszt zwiedzać świat. Rodzina zaoponowała, uważając, że odbędzie się to na koszt Profesora. Profesor stanowczo stwierdził, że jego wyjazdy będą na koszt rodziny, ponieważ będą to pieniądze, które nie zostaną im po jego śmierci.

Podczas tej kolacji drugim przedmiotem dyskusji był nowy szybki samochód Profesora Deca. Profesor Malarewicz żartobliwie stwierdził, że „gdy Profesorom szwankują własne narządy, to dodają koni mechanicznych pod maskę". Nota bene tym samochodem Profesor Wacław Dec odbył ostatnią swą podróż.

Nasuwa mi się refleksja, że my, Profesorowie, w zabieganiu nie mamy czasu na odpoczynek, zwiedzanie świata, dobre samochody, dom a gdy przypominamy sobie o tym, jest niekiedy za późno [36].

Profesor Janusz Emerich wspomina: *Poznaliśmy się w 1984 roku na ogólnopolskim zjeździe ginekologów położników w Łodzi. Przedstawiłem tam referat, kontrowersyjny w stosunku do dotychczasowych badań, a oparty na moim materiale operacyjnym.*

Wacław Dec po wystąpieniu podszedł do mnie i pogratulował ciekawego wystąpienia, potwierdził moje spostrzeżenia swoimi doświad-

Fot. 103. Lizbona. Przed pomnikiem Marques de Pombal.

Fot. 104. Przy Avenida da Liberdade w Lizbonie.

czeniami. Taki był – od razu zareagował na to, co Go zainteresowało. Na sympozjach często zabierał głos, nie zgadzając się z prelegentami, nawet jeśli byli to uznani profesorowie.

Krytykował w dobrej wierze, zawsze kulturalnie i rzeczowo. Był lekarzem praktykiem w dziedzinie onkologii ginekologicznej, miał bardzo duże doświadczenie operacyjne, był przodującym ginekologiem operatorem w Polsce. Bardzo dobrze rozumieliśmy się w kwestiach zawodowych. Ale Wacław potrafił też podtrzymywać kontakty przyjacielskie. Regularnie otrzymywałem od Niego kartki świąteczne. Jeśli nie odpisywałem, dzwonił i wyrzucał mi brak ogłady. Kiedy zachorowałem, z troską pytał o moje zdrowie, zawsze gotowy pomóc. Tydzień przed wypadkiem spotkaliśmy się nieoczekiwanie na kongresie ESGO w Coimbra, w średniowiecznej stolicy Portugalii. To był mój ostatni tydzień z Wackiem. Razem słuchaliśmy referatów, braliśmy udział w spotkaniach. Oczywiście dużo rozmawialiśmy o pracy, wymienialiśmy do-

świadczenia. Opowiadał o swoim ulubionym miejscu koło Gorzowa Wielkopolskiego, gdzie zaszywał się w wolnych chwilach i regenerował siły. Tam jest tak pięknie, że nawet Szwajcaria odpada – mówił.

W Coimbra myślał o swojej rodzinie, której był bardzo oddany. Co roku dla swoich wnuków przebierał się za Świętego Mikołaja. Jaka to radość, kiedy dzieci patrzą na mnie i nie wiedzą, że to ja. Dzień przed śmiercią odprowadzał do I Komunii Świętej swego najmłodszego wnuka. Podczas naszych ostatnich rozmów chwalił się, że trzech wnuków już do komunii przygotował. I teraz pójdzie z czwartym.

Jedno popołudnie w trakcie Kongresu mieliśmy wolne. Jesteśmy katolikami i jak już jesteśmy w Portugalii, musimy pojechać do Fatimy – powiedział. Uważał to za swój obowiązek. I pojechaliśmy. Modlił się, zapalił świeczkę.

Fot. 105. Lizbona „by night". Avenida da Liberdade. Ostatni spacer przed wyjazdem do kraju. Od lewej: dr Bożena Dec, prof. prof. Wacław Dec, Andrzej Skręt, Andrzej Malarewicz.

W Coimbra rozmawialiśmy o planach, o kongresie w Mikołajkach, o sympozjum w Łodzi, zamierzał wybrać się do Japonii.

Na sympozjum onkologii ginekologicznej, które odbędzie się we Wrocławiu, miał wygłosić referat wprowadzający. Organizatorzy stoją teraz przed dylematem, kto zastąpi Profesora, bo tylko On mógł to zrobić.

A Wacka już nie ma [39].

Pogrzeb Profesora Wacława Deca

Wczesnym rankiem, dnia 8 maja, Profesor Wacław Dec, korzystając z zaproszenia prof. Radosława Sikorskiego, wyjechał z Łodzi i spieszył się do Lublina na egzaminy specjalizacyjne z położnictwa i ginekologii. O godz. 8.30 zbliżał się do Puław. W miejscowości Sosnowo kierowana przez Profesora toyota uderzyła w tył jadącego przed nią samochodu ciężarowego. Ciężko rannego i nieprzytomnego Profesora odwieziono do szpitala w Puławach, a następnie przetransportowano samolotem do Łodzi, gdzie wieczorem, w Szpitalu im. Barlickiego, przystąpiono do skomplikowanej operacji.

Prof. Wacław Dec, znany łódzki ginekolog, uległ wczoraj groźnemu wypadkowi samochodowemu pod Puławami. Helikopter, który przetransportował ciężko rannego lekarza z Puław do Łodzi wylądował na Lublinku o godz. 17.31. Na zdjęciu: zespół pogotowia ratunkowego zabiera profesora do szpitala im. Barlickiego w Łodzi. Tam na oddziale neurochirurgicznym natychmiast przy-

Fot. 106. „Dziennik Łódzki" z dn. 9 maja 1997 r. (Fot. Andrzej Wach).

Wśród wielu obrażeń wewnętrznych najpoważniejsze okazało się stłuczenie pnia mózgu i pęknięcie podstawy czaszki.

Cztery dni Profesor walczył o życie. Mimo wysiłków lekarzy nie udało się Go uratować. Zmarł 12 maja 1997 roku.

Decyzją Kurii Archidiecezji Łódzkiej odmówiono prof. Wacławowi Decowi katolickiego pogrzebu.

Bezpośrednią przyczyną decyzji Kurii Łódzkiej była wypowiedź Prof. Wacława Deca z 1993 roku, w której w „Wiadomościach TVP" oświadczył m.in., że „Oficjalnie przerywanie ciąży nie istnieje. Ale jeśli przychodzi do nas kobieta, która ma pięcioro dzieci, mąż jest alkoholikiem i szóste dziecko w drodze, to usuwamy ciążę, wpisując do karty inny tytuł, na przykład poronienie. **Taka sytuacja jest głęboko niemoralna, gdyż stawia lekarza w konflikcie z prawem i sumieniem**". To ostatnie wypowiedziane przez Profesora zdanie wycięto w relacji z rozmowy [40].

Po tym zmanipulowanym wystąpieniu niektórzy grozili profesorowi odebraniem zakazu wykonywania zawodu. Profesor Dec bronił się: „Byłbym nieodpowiedzialny, gdybym chwalił się w telewizji, że przerywam ciąże. Przecież tego nie robię. Chciałem tylko odkryć tajemnicę poliszynela o nielegalnych zabiegach" [41].Wypowiedzi Profesora badał rzecznik odpowiedzialności zawodowej Naczelnej Izby Lekarskiej i nie dopatrzył się w nich złamania etyki lekarskiej.

T. Kubiał w dwumiesięczniku „Zawsze Wierni" pisze: *Profesor Dec był znanym w Polsce ginekologiem i położnikiem. Bronił On prawa kobiet do tak zwanego świadomego macierzyństwa, krytykował poprzednią ustawę antyaborcyjną, która Jego zdaniem była przyczyną nielegalnych zabiegów i turystyki aborcyjnej, bronił prawa do przerywania ciąży jeśli płód jest obciążony ciężką nieuleczalną chorobą. Jak większość zwolenników aborcji, uzasadniał zabijanie (sic! – podkreślenie autora) dzieci poczętych ze względów społecznych, trudnej sytuacji życiowej i materialnej kobiety. Kanclerz kurii łódzkiej, ks. Andrzej Dąbrowski, uzasadniając decyzję o odmowie kościelnego pogrzebu zauważył, że było powszechnie znane, że prof. Dec jest zwolennikiem aborcji. Publicznie – w wywiadach, radiu, telewizji, przed gremiami naukowymi – głosił w tym sensie poglądy sprzeczne z piątym przykazaniem Dekalogu będącego podstawą moralnej nauki Kościoła i jego praktyki duszpasterskiej* [42].

T. Kubiał [1] przypomina, że *Kanon 1398 mówi, iż kto powoduje przerywanie ciąży, po zaistnieniu skutku podlega ekskomunice wiążącej mocą samego prawa. Osoby takie, jeżeli przed śmiercią nie dały żadnych oznak pokuty, powinny być pozbawione pogrzebu kościelnego (Kanon 1184). Natomiast w Kanonie 1185 czytamy, że pozbawienie pogrzebu zawiera w sobie także odmowę odprawienia jakiejkolwiek Mszy Świętej pogrzebowej.* Dlatego, pisze z kolei w „Dzienniku Łódzkim" K. Pastuszko, że: *Naciski, aby pogrzeb zmarłego miał charakter kościelny, były nie na miejscu. Kościół nie może przekroczyć swoich uprawnień* [43].

Jednak mimo powyższych zastrzeżeń i mimo że decyzją łódzkiego arcybiskupa Wojciecha Ziółka odmówiono odprawienia mszy i pogrzebu z udziałem księdza, to nad grobem przemawiał, niepodlegający bezpośredniej jurysdykcji biskupa łódzkiego, lecz wojskowego, ksiądz kapelan Wojskowej Akademii Medycznej Tadeusz Łukaszczyk [40]. Stanowisko księdza Łukaszczyka poparł ks. Józef Tischner. W radiowej „Trójce" wyraził ubolewanie, że w odmowie mszy żałobnej w intencji prof. Wacława Deca, prócz zrozumienia dla prawa kanonicznego, zabrakło zrozumienia dla słów Ewangelii, iż *nie człowiek jest dla prawa, ale prawo jest dla człowieka* [42].

Na pogrzeb Profesora Wacława Deca przybyły tłumy. Zjechali lekarze i pielęgniarki z całej Polski, przyjaciele, koledzy i współpracownicy, władze Akademii Medycznej, przedstawiciele innych łódzkich uczelni, przedstawiciele władz miasta, górnicy z Bełchatowa i honorowa kompania Wojska Polskiego. W tłumie były liczne pacjentki i oczywiście ogromna liczba gapiów wyczuwających nadzwyczajną atmosferę związaną ze zbliżającym się pogrzebem.

Fot. 107. Kapelan wojskowy kapitan Tadeusz Łukaszczyk odprawiający nabożeństwo żałobne nad trumną prof. Wacława Deca. (Fot. Katarzyna Gorzkiewicz – „Angora", nr 21, R. VIII, 25 maja 1997 r.).

Atmosfera była napięta. Ludzie zbierali się przed kościołem Świętej Teresy, blokując rondo Solidarności i przed cmentarzem na Zarzewiu. Na wieść o odmowie przez Kurię pogrzebu wzburzono się do tego stopnia, że jak relacjonuje S. Jastrzębowski w „Wiadomościach Dnia" z 17–18 maja 1997 roku: „Próbowano nawet wymierzyć sprawiedliwość osobiście, chcąc obrzucić kamieniami kościół Świętej Teresy w Łodzi, w którym miało się odbyć nabożeństwo żałobne" [42].

M. Kozerawska z „Gazety Wyborczej" informuje, że: „prof. Andrzej Kulig z Warszawskiej Akademii Medycznej przeczytał zgromadzonym fragmenty II listu Św. Pawła do Koryntian i na zakończenie dodał: *wiedzcie hierarchowie, że nie na was stoi kościół, lecz na Ewangelii, którą czytamy i będziemy czytać bez was"* [44].

Nabożeństwo żałobne nad trumną Profesora Wacława Deca odprawił kapelan wojskowy kapitan Tadeusz Łukaszczyk. Mógł nie respektować zakazu łódzkiego arcybiskupa, ponieważ przełożonym kapelana był biskup polowy Leszek Sławoj Głódź, który wyraził zgodę na pogrzeb liturgiczny. Kapelan przyznał, że jako oficer wykonał również rozkaz swego przełożonego gen. Henryka Chmielewskiego, rektora WAM. Profesor W. Dec też był przecież oficerem.

Mała kaplica na cmentarzu św. Anny pomieściła tylko najbliższą rodzinę i krewnych zmarłego.

W kondukcie pogrzebowym, który ruszył główną aleją cmentarza, wzięło udział kilka tysięcy zgromadzonych osób.

W imieniu łódzkiego środowiska ginekologicznego i współpracowników oraz wszystkich zebranych zabrał głos nad trumną prof. Tomasz Pertyński, dyrektor Szpitala Pomnika Centrum Zdrowia Matki Polki, potwierdzając publicznie zbliżone do Prof. Wacława Deca zapatrywania i poglądy, oddając Mu cześć oraz głęboki szacunek [29].

Zabierająca głos nad grobem, senator RP Zdzisława Janowska powiedziała: *Są sytuacje, kiedy niesienie pomocy innym, rozumienie ich problemów, dawanie serca staje się nagle aktem odwagi. Taka odwaga kosztuje. Z jej powodu spotykały Pana Profesora nieprzyjemności i przykrości, ale także i za to darzono Go wielką miłością i uznaniem* [45].

Kapelan WAM kapitan Tadeusz Łukaszczyk odczytał nad grobem tekst przygotowany przez rodzinę zmarłego: *Wiele ciepłych słów usłyszeliśmy o PROFESORZE Wacławie Decu. Jednak najbardziej boli to, że odszedł od nas Wacek, Wacuś, i Dziadek, i Tato, i Pan Ojciec.*

Czy można wyrazić słowami, jaka pustka powstaje po stracie tylu osób w jednej chwili?...

A przy tym nie był to zwykły Wacek. Był dla nas filarem, na którym opierał się cały dom, a nawet kilka domów. Był senatem i rządem naszej rodziny, był mózgiem i wykonawcą wszelkich rodzinnych decyzji. Mimo mnogości obowiązków zawodowych, codziennie znajdował czas na ofiarowywanie nam swojej miłości. Był powiernikiem najtrudniejszych ludzkich spraw i sama rozmowa z Nim pomagała żyć dalej.

Za pozornie groźnymi krzaczastymi brwiami kryła się pogodna dobra dusza.

Jak teraz będzie bez Niego, naszego doradcy i spowiednika, naszego generatora rodzinnych uczuć?

Czy ktokolwiek odważy się zastąpić Go przy stole, aby wznieść zdrowie dam? Czy ktokolwiek potrafi zrobić indyka na wielkanocny stół, tak jak ON? Kto będzie się cichutko krzątał o szóstej rano, by nie obudzić żadnego z domowników? Nie będzie już Świętego Mikołaja z dużym czerwonym nosem. Ani konika, na którego wskakiwały wszystkie wnuki, małe i duże. Nie będzie miał kto doradzić, co na siebie włożyć. Nie będzie do kogo zadzwonić, gdy sytuacja w pracy przejdzie ludzkie pojęcie.

Nie doczekał Wacek, aby kiedyś, raz w życiu, wystąpić we fraku. Ale każdemu ze swoich nowo narodzonych wnuków posadził na działce dąb. Ale wszystkim dzieciom, do ostatniej chwili, pomagał stawać na nogi. Mieliśmy Go zawsze pod ręką. Nie było pytań, na które nie znał odpowiedzi. Mówił: musisz zrobić jak uważasz, a gdy to mówił, stawało się jasne, jakie rozwiązanie jest najlepsze.

Dlaczego tak wcześnie odszedłeś, nasz najukochańszy Mężu, Ojcze, Dziadku, Przyjacielu? Czy naprawdę nie mogłeś ominąć tej ciężarówki? Miałeś jeszcze tyle do zrobienia: dla swych chorych, dla nauki, w domu i na działce. Tak wielu rzeczy nie zdążyłeś nas nauczyć.

A może chciałeś nam dać jakiś znak. Znak dla nas wszystkich, ojców i dziadków, byśmy docenili rolę rodziny i miłości, byśmy zrozumieli, że śmierci nie można kusić, bo razem z naszym odejściem gaśnie miłość i radość, jakiej doświadczały nasze żony, dzieci i wnuki. Pozostaje po nas już tylko krucha nadzieja w sercach bliskich, że kiedyś jeszcze się spotkamy. Czy jednak nie mogłeś nam tego powiedzieć, zamiast nas tak boleśnie doświadczyć? Przecież wiesz, jak bardzo liczyliśmy się z Twoim zdaniem.

Gdy traci się kogoś takiego jak Ty, trzeba żyć dalej godnie, trzeba przypomnieć sobie, jak Ty żyłeś i próbować kontynuować Twoje dzieło. Tylko wtedy może zabłysnąć ten promień nadziei, który sprawi, że znów ujrzymy na swej drodze Twoje dobre oczy [46].

Stojąc nad zasypanym kwiatami grobem Wacka, poczułem ogromną odrazę do niegodnych, pełnych nienawiści ludzi, hierarchów kościelnych, którzy wywołali tyle zamieszania z pogrzebem Wacława. Chowany jest przecież znany CZŁOWIEK wyrażający na niektóre sprawy inne poglądy niż hierarchowie kościelni, ale CZŁOWIEK! **Lekarz – społecznik**, który całe swoje życie zawodowe oddał służbie w sprawie kobiet.

Wacławie, wiesz dobrze, że to nie Bóg sprawił to całe zamieszanie wokół Twojego pogrzebu. Sprawili je niedobrzy, pełni nienawiści ludzie, którym w swym zadufaniu wydaje się tylko, że są rządcami dusz na ziemi.

Przecież na pogrzeb przybyli tłumnie ludzie, którym nie można odmówić sumienia, którzy w imię między innymi chrześcijańskiej solidarności i miłości przyszli Cię godnie pożegnać. To, że hierarchowie kościelni wydali sąd o Tobie, nie zmienia faktu, że to wdzięczni Ci i dobrze rozumiejący Cię ludzie przyszli oddać ostatni hołd w obliczu śmierci!

Myśl moją dobrze ujął Andrzej De Lazari, profesor Uniwersytetu Łódzkiego. Zbulwersowany zaistniałą sytuacją napisał: *Nie jest prawdą, iż prawo naturalne jest dla hierarchów Kościoła ka-*

tolickiego ważniejsze od prawa stanowionego. Kościół – instytucja udowodnił to, stawiając prawo stanowione, jakim jest prawo kanoniczne, ponad prawem moralnym i odmawiając Spolegliwemu Człowiekowi pogrzebu liturgicznego. Hierarchowie katoliccy po raz kolejny udowodnili, że dla nich Kościół nie jest ***jednością w miłości****, lecz* ***partyjną dyscypliną*** *i wszelkie odstępstwo będzie przez nich karane.*

Prawo moralne jest natomiast ważniejsze od prawa stanowionego dla wspólnoty wiernych, będących przecież właściwym Kościołem Powszechnym, którzy mając sumienie, w imię chrześcijańskiej solidarności i miłości tłumnie przybyli na pogrzeb Profesora Wacława Deca, by modląc się oddać mu ostatnią posługę.

Powołania sutanny bronił tylko kapelan WAM Tadeusz Łukaszczyk, zaś w radiowej Trójce ks. Prof. Józef Tischner. Wśród łódzkich księży nie ma widocznie uczniów autora ***Etyki solidarności****, skoro w imię* ***partyjnej*** *dyscypliny wszyscy odwrócili się plecami do ludzi cierpiących. Boję się takiego Kościoła*" [47].

Dezaprobatę dla postawy kościoła w sprawie zmarłego Profesora Wacława Deca wyraził Zarząd Główny Polskiego Towarzystwa Ginekologicznego podczas odbywających się w Mikołajkach obrad XXVI Kongresu PTG.

Studenci Wydziału Biologii i Nauk o Ziemi Uniwersytetu Łódzkiego wyrazili swoje oburzenie i dezaprobatę dla poczynań Kurii Łódzkiej: *Jest rzeczą niesłychaną, że przedstawiciele władz Kościoła w Łodzi dopuszczają się czynów, łagodnie mówiąc, niezgodnych z nauką Chrystusa. Profesora nie ma już wśród nas, ale w naszej pamięci pozostanie jako przykład prawego człowieka, który całym życiem udowodnił swoją miłość do ludzi. Czy osoby, którym należy oddać cześć za ich dokonania, stokroć bardziej nie zasługują na szacunek niż ci, którzy ów szacunek każą sobie przyznawać? Zwracamy się z pytaniem do przedstawicieli władz Kościoła: Jakie kryteria musi spełniać człowiek, by godny był łaskawego potraktowania w jego ostatnich chwilach życia przez Kurię Łódzką?* [48]

Fot. 108. „Kto jest bez winy niechaj pierwszy rzuci kamień. Prof. Wacławowi Decowi – studenci!"

Ale decyzja Kurii Łódzkiej wyraźnie była po myśli tzw. Stowarzyszenia Przyjaciół Spotkań Małżeńskich. Piotr Michałowski, prezes Zarządu Oddziału Terenowego Stowarzyszenia: *z ulgą przyjął wiadomość o stanowisku Kurii Archidiecezji Łódzkiej w sprawie pogrzebu prof. W. Deca. Dobrze się stało, że odważne stanowisko ukazało mieszkańcom miasta, że zło trzeba nazywać złem, a dobro dobrem. Niech jasno stawiana prawda i miłość do najbardziej bezbronnych będzie uwzględniana w działaniach Duszpasterza Diecezji* [49].

Nieco „więcej wyrozumiałości" wykazała Polska Federacja Ruchów Obrony Życia. W imieniu Federacji na łamach „Gazety Wyborczej" zabrała głos Ewa Kowalewska: *Polska Federacja Ruchów Obrony Życia z zażenowaniem obserwuje wykorzystywanie pogrzebu prof. Wacława Deca przez niektóre środowiska do nadania temu wydarzeniu skandalizującego charakteru. Doceniając lekarską działalność Profesora Deca, nie można zapominać, że prezentował on poglądy jawnie sprzeczne z piątym przykazaniem. W ten sposób dokonał wyboru moralnego i postawił się poza Kościołem. Ten wolny wybór Profesora musiał zostać uwzględniony przez władze kościelne, które odmawiając kościelnego pogrzebu zachowały należną Kościołowi pełną suwerenność. Jednocześnie rodzinie prof. Wacława Deca składamy wyrazy współczucia* [50].

Z decyzją Kurii solidaryzował się także starszy kolega i długoletni współpracownik prof. Wacława Deca, prof. Włodzimierz Fijałkowski,

Fot. 109. Pogrzeb Prof. Wacława Deca.

znany propagator naturalnych metod planowania rodziny: *W społeczeństwie nie ma świadomości w tej pryncypialnej kwestii, iż dopuszczanie aborcji koliduje z piątym przykazaniem. Profesor powinien był się z tym liczyć, iż zostanie wyeliminowany ze wspólnoty kościelnej. Nikt nie kwestionuje Jego zasług. Liczyłem na to, że z biegiem lat zbliży się do mojego stanowiska w sprawie aborcji. Bolesne jest, że tak się nie stało. Kościół nie mógł inaczej postąpić w jego sprawie. Brak wyrazistego oblicza Kościoła mógłby wywołać najgorsze skutki* [4].

„ Po co tyle świec nade mną, tyle twarzy?
Ciału memu nic już złego się nie zdarzy.
Wszyscy stoją, a ja jeden tylko leżę…
Leżę właśnie, zapatrzony w wieńców liście,
Uroczyście, wiekuiście, osobiście.
Tak mi ciężko zaznajamiać się z mogiłą,
Tak się nie chce być czymś innym, niż się było!

(*Bolesław Leśmian*)

Fot. 110. „Po co tyle świec nade mną, tyle twarzy?"

Fot. 111. „Wszyscy stoją, a ja jeden tylko leżę".

Dwa miesiące po śmierci Prof. Wacława Deca, z inicjatywy żony Bożeny i córki Grażyny oraz pod namową senator RP Zdzisławy Janowskiej, powołana została do życia Fundacja im. Prof. Wacława Deca. Zarejestrowana została przez Sąd Rejonowy w Łodzi w końcu marca 1998 roku.

Prezes Fundacji dr n. med. Grażyna Dec snuła ambitne plany działania. Fundacja zakładała szerzenie promocji zdrowia, oświaty zdrowotnej, zasad świadomego planowania rodziny, profilaktyki raka szyjki macicy i raka sutka. Zakładała wspieranie niepełnych i patologicznych rodzin oraz hospicjum. Fundację zobowiązała się popierać firma farmaceutyczna Schering, której ówczesny prezes deklarował, że idee Profesora W. Deca firmie są bardzo bliskie.

Niestety, działalność Fundacji, początkowo dość żywa, w miarę upływu lat traciła impet i aktualnie jej aktywność jest znikoma.

Ludzie w Łodzi pamiętali jednak o działalności prof. Wacława Deca i o Jego wkładzie w rozwój opieki nad matką i dzieckiem w regionie. Na wniosek Rady Miasta dnia 18 marca 1998 roku jedna z łódzkich ulic, w dzielnicy Nowe Złotno, otrzymała nazwę im. „Pułkownika Prof. Wacława Deca".

Pomysł nazwania ulicy imieniem Profesora Wacława Deca wzbudził wiele emocji na sesji Rady Miejskiej: *Dyskusja nad propozycją niezależnego radnego Matuszewskiego trwała ponad dwie i pół godziny. Przeciwni projektowi radni prawicy opuścili salę obrad. Dzięki radnym SLD i radnym niezależnym udało się zebrać quorum i przegłosować wniosek. Za było 31 radnych, przeciw 4, od głosu wstrzymało się 4* [51].

16 września 1997 roku prezydent Rzeczpospolitej Polskiej Aleksander Kwaśniewski wręczył wdowie po Prof. Wacławie Decu, dr n. med. Zofii Bożenie Dec, przyznany pośmiertnie Krzyż Komandorski Orderu Odrodzenia Polski. Wręczając Order prezydent powiedział: *To dla mnie wielki honor, że mogę uczcić tak zasłużonego i wybitnego człowieka. Odczuwam żal, że odznaczenie to wręczam pośmiertnie. Prof. Wacław Dec bardzo zasłużył się Polsce. Będziemy o tym pamiętać.*

Fot. 112. Prezydent RP Aleksander Kwaśniewski wręcza dr Zofii Bożenie Dec, wdowie po zmarłym tragicznie Profesorze Wacławie Decu, przyznany pośmiertnie Krzyż Komandorski Orderu Odrodzenia Polski. (Fot. Paweł Nowak).

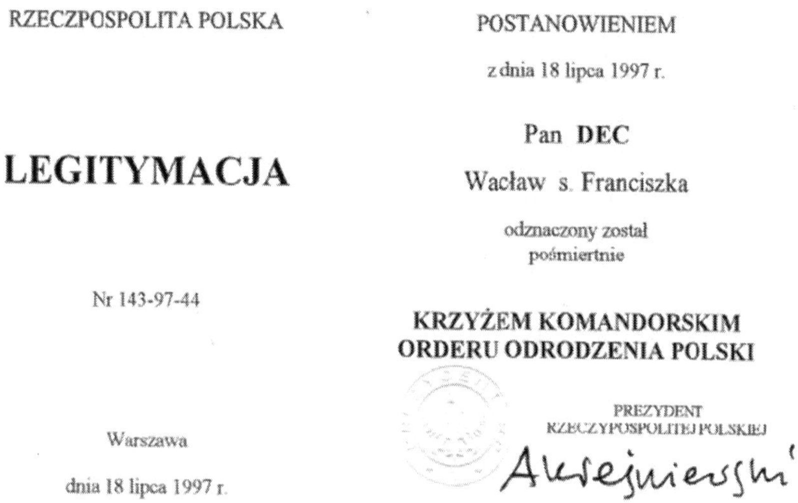

RZECZPOSPOLITA POLSKA

LEGITYMACJA

Nr 143-97-44

Warszawa

dnia 18 lipca 1997 r.

POSTANOWIENIEM

z dnia 18 lipca 1997 r.

Pan DEC

Wacław s. Franciszka

odznaczony został pośmiertnie

KRZYŻEM KOMANDORSKIM ORDERU ODRODZENIA POLSKI

PREZYDENT RZECZYPOSPOLITEJ POLSKIEJ

Fot. 113. Legitymacja Krzyża Komandorskiego Orderu Odrodzenia Polski przyznanego pośmiertnie Profesorowi Wacławowi Decowi.

Rok później

„Wszystko jest bez sensu,
Wszystko pogmatwane,
Jak te winorośle,
Gąszcze cmentarniane.
Wszystko, co się złączy,
Znowu się rozłączy,
Na kształt pogmatwanych
Na cmentarzach pnączy.
Który leżysz w trumnie
Pomiędzy kwiatami,
Wiedz, że Dionizos
Modli się za nami.
Wiedz, że przyjdzie święty,
Ramieniem ogarnie,
Wszystkie wytłumaczy
Przebyte męczarnie.
Niechże ciebie w grobie
Nic nie niepokoi:
Nocką mroźny miesiąc
Nad mogiłą stoi.
A wiosną – co wiosny –
Przez lata i wieki
Kwiaty na mogile
Podniosą powieki"

(*Jarosław Iwaszkiewicz*)

Fot. 114. „Wszystko jest bez sensu". Grób Profesora Wacława Deca na cmentarzu na Zarzewiu.

„Odszedł ze szczytu świata, nie wołał pomocy,
O jedną śmierć mądrzejszy niż wszyscy, co żyją,
I przykrył się mogiłą nieznaną, niczyją –
Uparł się na dnie samym odpocząć..."

(*Kazimierz Wierzyński*)

Coś Ty narobił, Wacławie! Dlaczego naraziłeś mnie i swoich bliskich na przeżywanie tak wczesnego, jakże niepotrzebnego, Twojego odejścia?

Fot. 115. Oj, Wacku! A takie piękne plany snuliśmy na okres „na emeryturze"! (Autor biografii przed grobem Prof. Wacława Deca – maj 1998 r.).

Epilog

W miarę upływu czasu od odejścia Wacława coraz częściej spoglądam w górę i oczami wyobraźni, gdzieś tam wysoko, widzę Go siedzącego w fotelu i spoza obłoków, w swój charakterystyczny sposób zerkającego na to wszystko, co tak nagle i niespodziewanie zostawił – Dom, przyjaciół, współpracowników, pacjentów, klinikę, uczelnię, nierozwiązane sprawy oraz nadzieję na długie i spokojne życie na zasłużonej emeryturze.

Zostawił też idee, które wciąż są aktualne. Zostawił nierozwiązane problemy, które ciągle powracają i wzbudzają wiele emocji.

Miał jednak Prof. Wacław Dec szczęście, bowiem to, co tak pieczołowicie budował i tworzył, jest kontynuowane przez Jego współpracowników i uczniów. Nadal dawna „Jego" Klinika jest wyróżniającym się w Polsce ośrodkiem, a stale rozwijająca się baza naukowa może być wzorem dla innych ośrodków akademickich. Również utworzona kiedyś przez prof. Wacława Deca Rada Naukowa Instytutu, a później przekształcona w Radę Naukową Katedry Ginekologii i Położnictwa, działa nadal pod kierunkiem Jego ucznia prof. Jacka Suzina i czuwa nad merytoryczną stroną pracy Katedry. Garnący się do Kliniki studenci, lekarze, doktoranci są gwarancją dalszego rozwoju cenionej i nowoczesnej placówki dydaktycznej i naukowej.

Materiały źródłowe

1. Soszka T.: *Profesor Stefan Soszka (1914–1988)*. „Scheringówka" 2004, 2(21), s. 5–6.
2. Pietronek K., Targowski J.: „Łodzianin Roku 1995". Audycja radiowa – nagranie gali z okazji nadania tytułu Łodzianina Roku, 18 lutego 1996 r.
3. *Przyjaciel przyjdzie wieczorem*, „Stolica" z dnia 16–22 marca 1947 r., R. IIc, nr 10(19), s. 12.
4. Grochowska M.: *Sprzeczne z piątym przykazaniem*. „Gazeta Wyborcza" 1997, 24–25 maja, s. 13 i 15.
5. Krasomski G.: Parę wspomnień o prof. Wacławie Decu. Korespondencja z dnia 14.03.2013 r. List w archiwum autora.
6. Kołodziejczyk P.: Pismo skierowane dnia 28.01.1991 roku do Płk w ST. sp. Wacława Deca. W archiwum autora.
7. Malinowski W. Dec W., Wiaksa K.: *Porody noworodków z niską masą ciała u młodocianych matek*. Materiały Symposium Polonum Paedogynaecolorum cum Participatione Internationali. Łódź 1985, s. 215–218.
8. Malinowski W., Dec W., Gąsior W.: *Opieka przedporodowa nad kobietą w ciąży wielopłodowej*. Materiały I Kongresu PTMP. Poznań 1995, 12–14.10, tom II, s. 841–842.
9. Malinowski W., Dec W., Gąsior W.: *Ocena przepływu krwi w naczyniach pępowinowych przeżywającego bliźniaka po zgonie wewnątrzmacicznym drugiego*. Materiały I Kongresu PTMP. Poznań 1995, 12–14.10., tom II, s. 841–842.
10. Brzozowska M., Dec W.: *Współczesne poglądy na obrót położniczy zewnętrzny z położenia miednicowego na główkowe*. Materiały I Kongresu PTMP. Poznań 1995, 12–14.10, tom I, s. 394–397.

11. Laudański T., Fijałkowski W., Dec W. i in.: *Poród rodzinny w warunkach szpitalnych.* „Annales Academiae Medicae Bydgostensis" 1992, 5(supl), s. 141–145.
12. [ceg]: *Bociany przylecą do mieszkań.* „Express Ilustrowany" 1991, 27 października, s. 1 i 17.
13. Malarewicz A.: *Poród w wodzie i immersji wodnej* [w:] *Położnictwo. Podstawy opieki położniczej,* [red.] A. Malarewicz, Wyd. Uniwersytetu Humanistyczno-Przyrodniczego, Kielce 2009, s. 215–220.
14. Malarewicz A. i in.: *Wpływ immersji wodnej na przebieg I okresu porodu u pierwiastek.* „Medycyna Wieku Rozwojowego" 2005, 9(4), s. 773–780.
15. Królikowska M., Januszkiewicz Z., Dec W.: *Leczenie stanów przedrakowych szyjki macicy na materiale Kliniki Operacyjnej Instytutu Ginekologii i Położnictwa AM w Łodzi.* Materiały Naukowe II Sympozjum SPSMiK PTG. Kraków–Rabka 4–8.06.1986, s. 47.
16. Królikowska M., Mikaszewska-Pietraszun J., Łęgiewska Z., Dec W.: *Klinika raka trzonu macicy.* Materiały Sympozjum nt. Epidemiologia, profilaktyka i leczenie nowotworów złośliwych trzonu macicy. Łódź, 2–4.04.1987.
17. Malinowski W., Koczywąs M., Dec W., Hawryluk T.: *Patologiczne rozrosty endometrium.* Materiały Sympozjum nt. Epidemiologia, profilaktyka i leczenie nowotworów złośliwych trzonu macicy. Łódź, 2–4.04.1987.
18. Ignasiak K., Malinowski W., Dec W.: *Analiza występowania zmian guzowatych jajnika u młodocianych w materiale operacyjnym Oddziału Położniczo-Ginekologicznego Szpitala ZOZ w Kutnie, w latach 1969–1988.* Materiały Sympozjum nt. Epidemiologia, profilaktyka i leczenie nowotworów złośliwych trzonu macicy. Łódź, 2–4.04.1987.
19. Pajszczyk-Kieszkiewicz T., Kowalska-Koprek W., Dec W. i in.: *Wyłuszczanie mięśniaków macicy podczas ciąży i w czasie cięcia cesarskiego.* Materiały III Sympozjum Sekcji Chirurgii Operacyjnej PTG. Lublin, 20–21.10.1989, s. 11.

20. Oszukowski P., Uglik S., Rubersz G., Kolasa F., Dec W.: *Powikłania urologiczne w operacjach ginekologicznych i położniczych.* Materiały I Międzynarodowego Sympozjum Ginekologii Operacyjnej. Lublin, 25–26.05.1984, s. 35.
21. Reiffensthul G., Platzer W., Knapstein G.: *Operacje ginekologiczne metodą przezpochwową.* [red.] W. Dec, Urban & Partner, Wrocław 1996.
22. [ag]: *Żegnamy Profesora.* „Express Ilustrowany" 1997, 16 maja.
23. Święcicki P.: *Ambasador wszystkich kobiet. Rozmowa z córką prof. Wacława Deca, dr Grażyną Rubersz-Adamską.* „Scheringówka" 1998, 1(4), s. 20–21.
24. Andrejewska A.: *Jestem lekarzem, mam przyjemność Panią operować.* „Rzeczpospolita" 1997, 23 maja.
25. Jaśkiewicz H.: *Kochał wszystkie kobiety.* „Tygodnik Łódzki Parada" 1997, 1 czerwca, s. 7.
26. *Oświadczenie Kolegium Rektorskiego Akademii Medycznej w Łodzi.* „Gazeta Łódzka" 1992, 25 lutego, nr 45, s. 5.
27. [Luk]: *Prof. Wacław Dec nie żyje.* „Dziennik Łódzki" 1997, 12 maja.
28. Tochman W.: „Gazeta Wyborcza" 1993, 24 marca, s. 10.
29. Pertyński T.: List w sprawie wspomnień prof. W. Deca. Korespondencja z dnia 16.01.2013 r. List w archiwum autora.
30. Jóźwik M.: List dotyczący wspomnień o prof. Wacławie Decu. Korespondencja z dnia 5.02.2013 r. List w archiwum autora.
31. Władysław Reymont Łodzianinem stulecia. „Dziennik Łódzki" 2001, 1 stycznia, s. 9.
32. Malinowski W.: Wspomnienia o Wacławie Decu. Korespondencja z dnia 4.05.2013 r. W archiwum autora.
33. Kowalska-Koprek U.: List w sprawie prof. Wacława Deca. Korespondencja z dnia 14.01.2013 r. List w archiwum autora.
34. Szamatowicz M.: Wspomnienia – Prof. Wacław Dec. Korespondencja z dnia 22.01.2013 r. List w archiwum autora.
35. Skręt A., Piela A.: *Rozszerzone usuniecie macicy.* Dream Publishing Company, Kraków 1995.

36. Skręt A.: Życie składa się z epizodów. Wspomnienia o prof. Wacławie Decu. Korespondencja z dnia 28.02.2013 r. List w archiwum autora.
37. *Tytuły dla Łodzian*. „Express Ilustrowany" 1994, 12 grudnia, s. 1 i 3.
38. Kowalski A.J., Dec W.: *IUMPA: intrauterine medroxiprogesteroneacetale in preparative treatment of andometrial cancer*. 10th International Meeting of Gynaecological Oncology. MonduzziEditore. Bologna (Italy). 1997, s. 217–221.
39. Emerich J.: *Ostatni tydzień z przyjacielem*. „Biuletyn Suwalskiego Towarzystwa Ginekologicznego" 1997, 6(23), s. 50–51.
40. http://pl.wikipedia.org/w/index.php?title=Waclaw Dec old id=27994736.
41. [EMCA, Monty]: *Profesor Dec*. „Gazeta Wyborcza" 1997, 16 maja, s. 3.
42. Kubiał T.: *Sprawa prof. Wacława Deca*. „Zawsze wierni" 1997, nr 4(17) (http://www.piusx.org.pl/zawsze_wierni/artykuł/53).
43. Pastuszko K.: *Kościół zamknięty*. „Dziennik Łódzki" 1997, 17–18 maja.
44. Kozerawska M.: *Nie zabijał*. „Gazeta Wyborcza" 1997, 17–18 maja.
45. Janowska Z.: *Przemówienie nad grobem Profesora Wacława Deca*. „Łódzka Gazeta Wyborcza" 1997, 21 maja.
46. *Profesor, Dziadek, Tato, Pan Ojciec*. Tekst przygotowany przez rodzinę Zmarłego i na jej prośbę odczytany nad grobem przez kapelana WAM, kapitana Tadeusza Łukaszczyka. „Łódzka Gazeta Wyborcza" 1997, 21 maja.
47. De Lazari A.: *Zbrodnia i kara*. „Łódzka Gazeta Wyborcza" 1997, 21 maja.
48. *Oburzeni Studenci*. „Łódzka Gazeta Wyborcza" 1997, 21 maja.
49. Michałowski P.: *Stowarzyszeniu ulżyło*. „Łódzka Gazeta Wyborcza" 1997, 21 maja.
50. Kowalewska E.: *Pogrzeb wykorzystywany*. „Łódzka Gazeta Wyborcza" 1997, 21 maja.
51. [KA]: *Ulica Profesora Deca?*. „Dziennik Łódzki" 1997, 22 maja.

Notatka o autorze

ANDRZEJ MALAREWICZ jest profesorem położnictwa i chorób kobiecych, absolwentem Akademii Medycznej w Białymstoku. Od trzeciego roku studiów pracował w Instytucie Położnictwa i Chorób Kobiecych AMB pod kierunkiem prof. Stefana Soszki i prof. Wandy Alicji Kazanowskiej, początkowo jako student w Studenckim Kole Naukowym, a po otrzymaniu dyplomu lekarza, od 1965 roku, jako asystent i adiunkt Kliniki Ginekologicznej Instytutu. Po otrzymaniu stopnia naukowego doktora habilitowanego przeniósł się do Kielc, gdzie objął stanowisko ordynatora oddziału Szpitala Miejskiego. Wielokrotnie pełnił funkcję specjalisty wojewódzkiego i przewodniczącego oddziału kieleckiego Polskiego Towarzystwa Ginekologicznego. Był członkiem Zarządu Głównego Polskiego Towarzystwa Ginekologicznego i przewodniczącym Sekcji Patologii Szyjki Macicy i Kolposkopii PTG. Od 1986 roku naukowo związany z Instytutem Ginekologii i Położnictwa Akademii Medycznej w Łodzi. W 1992 roku, na wniosek Rady Wydziału Akademii Medycznej w Łodzi, otrzymał tytuł naukowy profesora. Jest członkiem Rady Naukowej Katedry Ginekologii i Położnictwa Uniwersytetu Medycznego w Łodzi. Jest współorganizatorem Wydziału Nauk o Zdrowiu Uniwersytetu Jana Kochanowskiego w Kielcach, gdzie do roku 2011 pełnił funkcję dyrektora Instytutu Pielęgniarstwa i Położnictwa. Od 2011 roku zatrudniony jest na stanowisku profesora zwyczajnego w Wyższej Szkole Biznesu i Przedsiębiorczości w Ostrowcu Świętokrzyskim.

Autor ponad 200 artykułów naukowych zamieszczonych w piśmiennictwie krajowym i zagranicznym oraz kilku opracowań książkowych, takich jak: „Ilustrowana cytodiagnostyka ginekologiczna", „Cytodiagnostyka patologii szyjki macicy", „Cytologia fazowo-kontrastowa w diagnostyce ginekologicznej", „Kolposkopia praktyczna", „Kolposkopia patologii szyjki macicy", „Położnictwo", „Stefan Soszka uczony minionej epoki",

Całe życie zawodowe, oprócz praktyki lekarskiej, poświęca zagadnieniom organizacji i prowadzenia badań profilaktycznych nowotworów złośliwych żeńskich narządów płciowych, przede wszystkim raka szyjki macicy. Prowadzi ogólnopolskie szkolenia lekarzy ginekologów w zakresie cytodiagnostyki ginekologicznej i kolposkopii oraz biologów i położnych w zakresie oceny biocenozy pochwy.

Wykaz ilustracji